Lehrerhandbuch

KombiBUCHDeutsch 9

Lese- und Sprachbuch
für Gymnasien
Ausgabe N

C.C.BUCHNER

Kombi-Buch Deutsch 9 Ausgabe N

Lehrerhandbuch

Bearbeitet von Susanne Eckhardt, Andreas Hensel, Markus Knebel, Markus Kondert, Elke Langendorf, Karla Müller und Stefanie Strunz.
Herausgegeben von Karla Müller und Gottlieb Gaiser.

1. Auflage 4 3 2 1 2013 2012 2011 2010
Die letzte Zahl bedeutet das Jahr des Druckes.

Alle Drucke dieser Auflage sind, weil untereinander unverändert, nebeneinander benutzbar.

Dieses Werk folgt der reformierten Rechtschreibung und Zeichensetzung.
Ausnahmen bilden Texte, bei denen künstlerische, philologische oder lizenzrechtliche Gründe einer Änderung entgegenstehen.

Druck: creo Druck & Medienservice GmbH, Bamberg

ISBN 978-3-7661-**3629**-9

Vorwort der Herausgeber

**Mit dem Kombi-Buch arbeiten –
der Schritt in einen integrativen Deutschunterricht auf der Höhe der didaktischen Diskussion**

Das Kombi-Buch signalisiert mit seinem Namen eine Kombination von Sprach- und Lesebuch. Wenn es sich gegen die traditionelle Trennung der Arbeitsbücher für den Deutschunterricht entscheidet, ist damit zugleich eine Entscheidung für ein Konzept verbunden, das sich als integrativ versteht und das Ziel verfolgt, die isolierte Behandlung der einzelnen Lern- und Kompetenzbereiche zu überwinden, dabei aber Lehrkräften und Schülerinnen und Schülern Freiheiten zu lassen und diese nicht durch allzu eng vorgespurte Lernwege zu gängeln.

Der Begriff des integrativen Deutschunterrichts hat mittlerweile in alle Didaktik-Lehrwerke Einzug gehalten und gehört zu den zentralen Forderungen an die Unterrichtspraxis. Entsprechend legen die heutigen Lehrpläne Wert auf die Feststellung, dass die verschiedenen Arbeitsfelder und Kompetenzbereiche, auch wenn sie getrennt voneinander beschrieben werden, in der Unterrichtspraxis durch integrative Verfahren zu verbinden sind.

Das Ordnungsprinzip des Kombi-Buches ist das der thematischen Integration. Jedes der Kapitel setzt sich mit einem altersgemäßen Thema auseinander, versucht möglichst viele Facetten zu berücksichtigen, auch auf der Unterstufe schon die Komplexität der behandelten Bereiche durchscheinen zu lassen und so Perspektiven zu öffnen, statt das Thema abzuschließen. Den ersten Teil (Lesebuchteil) bilden Lesetexte – berücksichtigt wurden hierfür neben weitgehend unverbrauchten literarischen Texten und „Klassikern" auch nicht-fiktionale und diskontinuierliche Texte –, an die sich Anregungen für den Unterricht und Arbeitsaufträge anschließen, die jedoch nicht systematisch „abgearbeitet" werden müssen, sondern die zur Auswahl einladen und situativ und individuell unterschiedliche Schwerpunktsetzungen zulassen. Der zweite Teil jeder Einheit erfüllt die konventionelle Rolle des Sprachbuchs (Sprachbuchteil) und ist klar auf die in den Lehrplänen formulierten Lernziele ausgerichtet. Doch auch hier bleiben die Texte beim Thema der Einheit, wie überhaupt Texte immer zunächst als solche verstanden werden wollen und erst dann als Material für die weitere Arbeit dienen. Sprachliche Phänomene bleiben in funktionale Zusammenhänge eingebettet, Regeln werden induktiv erarbeitet und hergeleitet und erst im Anschluss daran in Merkkästen systematisch zusammengefasst. Differenziertes Material zum Einüben und Vertiefen schließt sich an und wird durch ein Arbeitsheft ergänzt. Die beiden Kapitelteile sind miteinander vernetzt und verweisen auch, etwa in Form immanenter Wiederholung, auf andere Einheiten. Dennoch sind alle Teile unabhängig voneinander und in beliebiger Reihenfolge einsetzbar, folgen also einem (additiven) Bausteinprinzip. Man kann integrativ arbeiten, aber dank des additiven Aufbaus muss man es nicht in einer unabänderlichen Art und Weise, sondern ist hinsichtlich Zeitaufwand und Interessenlagen flexibel.

Das Kombi-Buch versteht sich auch als Beitrag zur Leseförderung. Durch das Nebeneinander von Texten und Lernstoff werden die Schülerinnen und Schüler angeregt „hineinzuschmökern". Während die traditionelle Trennung des Deutschwerks in ein Sprach- und Lesebuch durch die explizite Lernzielorientierung und damit die Konzentration auf das Sprachbuch gerade die lesefernen Schüler und Schülerinnen nicht zu akzidentiellem Lesen verleitet, ist die Wahrscheinlichkeit größer, dass Texte ohne Arbeitsauftrag gelesen werden, wenn man zwangsläufig beim Blättern auf sie stößt.

Die Lehrplangeneration, die im Wissen um PISA entstanden ist, unterscheidet sich auch generell deutlich von ihren Vorgängern: In den Mittelpunkt rücken die Fähigkeiten und Fertigkeiten der Schülerinnen und Schüler, die Ausrichtung am angestrebten Ergebnis des Unterrichts hat die Orientierung am Wissenskanon von einst abgelöst. Schülerinnen, Schülern, Lehrkräften – und Schulbüchern – wird mehr Verantwortung und mehr Selbstständigkeit zugestanden. Eine Konsequenz aus dieser Entwicklung ist die Forderung nach fächerübergreifendem Kommunikations- und Methodentraining in allen Jahrgangsstufen, wobei gerade dem Deutschunterricht eine Leitfunktion zugedacht ist. Das Kombi-Buch bietet eine Fülle von methodischen Anregungen und stellt bereits in der fünften Klasse einen Grundstock von Sozialformen bereit, der kontinuierlich erweitert wird und im Lauf der Schulzeit zu einer umfassenden Methodenkompetenz führen soll. So werden die Schülerinnen und Schüler bereits jetzt an so komplexe Erarbeitungs- und Übungsformen wie Mind-Mapping oder die Stamm-Experten-Methode („Gruppenpuzzle") herangeführt. Die Betonung schüleraktivierender Arbeitsformen spiegelt sich auch in einer Vielzahl von handlungs- und produktionsorientierten Aufgabenstellungen und in der Förderung eines kreativen Umgangs mit Texten wider. Auch die Wendung vom normativen zum situativen Schreiben, von der Deutschdidaktik längst gefordert und nun in den Lehrplänen eingelöst, wurde vollzogen.

Rechnung trägt das Kombi-Buch auch der wachsenden Bedeutung von Projektunterricht und Projektorientierung, die als exemplarische Formen integrativen Arbeitens in der Schule gelten dürfen. Die zahlreichen Vorschläge orientieren sich an den Prinzipien des fächerverbindenden Arbeitens, der Selbstorganisation und damit einer gewissen eigenverantwortlichen Auswahl durch die Schüler und der Öffnung des Schulraums.

Dem eigenverantwortlichen Lernen dient darüber hinaus das kompakte Übungskapitel am Ende des Buches. Die zusätzlichen Übungen zu den zentralen Lernbereichen dort sowie die Überprüfen und Sichern-Seiten im Anschluss an ausgewählte Einheiten bieten den Schülerinnen und Schülern die Möglichkeit, alleine, zuhause oder im Klassenverband ihre in den Kapiteln erworbenen Kenntnisse und Fähigkeiten zu prüfen bzw. zu vertiefen.

Der schnellen Orientierung der Lehrkraft dienen das ausführliche Inhaltsverzeichnis, in dem die behandelten Lernziele und Methoden aufgeführt werden, ein Textsortenverzeichnis und ein Sachwortregister am Ende des Buches. Darüber hinaus sind sowohl im Inhaltsverzeichnis als auch unten auf jeder Seite alle Einheiten durch einen Farbcode den vier Lernbereichen der Kernlehrpläne zugeordnet: Sprechen und Zuhören (gelb), Reflexion über Sprache (blau), Schreiben (grün), Umgang mit Texten und Medien (rot). Für die Schüler und Schülerinnen sind die im Buch erarbeiteten Lernbereiche in Form eines „Wissensspeichers“ noch einmal knapp zusammengefasst.

Wenngleich die Befunde von PISA sich mit vielen pädagogischen und didaktischen Überlegungen und Befürchtungen des letzten Jahrzehnts decken und die geforderten Konsequenzen bereits die Diskussion – und die Unterrichtspraxis eines fortschrittlichen Deutschunterrichts – vergangener Jahre bestimmt hatte, so ist die unverzügliche Reform der Lehrpläne doch dem Schock zu verdanken, den die Ergebnisse der Untersuchung ausgelöst haben. Die Herausgeber, Autorinnen und Autoren des Kombi-Buches haben diese Impulse aufgegriffen und so umgesetzt, dass mit dem Lehrwerk ein moderner schülerzentrierter Unterricht ermöglicht wird, der den Schülerinnen und Schülern die Kompetenzen mitgibt, die sie für schulischen und lebensweltlichen Erfolg benötigen.

Gottlieb Gaiser
Karla Müller

Inhalt

Zu den Kapiteln des Buches

Angebote für Klassenarbeitsthemen

Zu den Kapiteln des Buches

Miteinander zurechtkommen

Zur Konzeption des Kapitels

Der Lesebuchteil enthält mit authentischen Texten von Jugendlichen, einer Kurzgeschichte, einem Gedicht und einem Interview sehr unterschiedliche Textsorten, die inhaltlich durch das lose Band „Miteinander zurechtkommen“ verbunden sind. Thematisiert werden Situationen, bei denen individuelles Verhalten Konfliktpotential für das Zusammenleben birgt, es werden aber auch Lösungswege aufgezeigt bzw. können erarbeitet werden.
Der Sprachbuchteil verknüpft die Kompetenzbereiche „Mündliche Kommunikation“ und „Sprachreflexion“. Im Einzelnen befasst er sich mit
- Elementen gelingender und nicht gelingender Gespräche und den Ursachen von Missverständnissen und Konflikten
- körpersprachlichem Ausdruck
- Funktionen und Verwendungszusammenhängen verschiedener Sprach- und Stilebenen
- Sprachkritik (inklusive Political Correctness)

Die einzelnen Themen können unabhängig voneinander bearbeitet werden.

Lösungen zu den Aufgaben der Lesetexte

0 Daniel Fritsch / Simone Buchholz, Ohne Titel (S. 8 und 9)

Aufgabe 2

Zur Analyse hilft das Begriffspaar Sachebene - Beziehungsebene. Für das Mädchen ist die Beziehung Gegenstand des Konflikts. Da für den Jungen die Beziehung nicht den Rang einer „Sache“ hat, die Konfliktgegenstand werden könnte, meint er, der Streit habe kein Thema.

Aufgabe 3

Der Junge reagiert mit Abschottung. Dadurch verschärft er nur noch den Beziehungskonflikt, also den Streitgegenstand.

1 Gabriele Wohmann, Ein netter Kerl (S. 10)

Aufgabe 1

Mögliche Lösungen wären:
In der Kurzgeschichte „Ein netter Kerl“ von Gabriele Wohmann wird dargestellt, wie
- Familienmitglieder über einen Besucher lästern, ohne zu wissen, dass es der Verlobte der einen Tochter ist.
- wie eine Familie erkennt, wie unmenschlich es ist, über einen Menschen zu lästern.

Aufgabe 2

Zur Bearbeitung des ersten Teils der Aufgabe hilft es, die Nennungen der Figuren farbig zu markieren (Kopiervorlage!): Nanni, Mutter, Milene, Vater, Rita. Der Wendepunkt ist die Äußerung Ritas, dass der Besucher ihr Verlobter sei.
- Nanni: Sie äußert sich besonders gehässig über den Besucher. Ihre Reaktion auf Ritas Äußerung wird nicht individuell beschrieben, aber sie ist ein Teil der Gruppe, die am Ende einen beschämten Eindruck macht (Z. 53–55).
- Mutter: Sie lacht übermäßig über den Besucher, will das Thema dann aber auch beenden. Nach Ritas Äußerung scheint sie zur Besinnung gekommen, ist „ernst“ (Z. 50) und sieht ihn nun mit anderen Augen, bezeichnet ihn als „menschlich angenehm“ im Hinblick darauf, dass er „Hausgenosse“ und „Familienmitglied“ (Z. 51) wird, sie erkennt also, dass Äußerliches kein relevanter Wert ist.
- Milene: Sie beurteilt als Einzige den Besucher von Anfang an nach charakterlichen Kategorien („hat ... was Liebes“ Z. 9). Ihre Äußerung, sie finde den Besucher „ganz nett“ (Z. 18), wird aber entwertet durch den Zusatz „komischerweise“ (Z. 19), mit dem sie die Bewertung eines Menschen

nach Äußerlichkeiten als legitim anerkennt und den anderen indirekt zustimmt. Sie kann sich dem Gruppendruck nicht entziehen und schließt sich dem Gelächter der anderen an, als erwähnt wird, dass der junge Mann bei seiner Mutter wohnt. Wie bei Nanni erscheint sie am Ende nur als Teil der beschämten Gruppe.

- Vater: Er beschreibt nur mit leicht wertendem Beigeschmack das Verhalten des Besuchers, den er zur Tür gebracht hat. Da er sich nicht am allgemeinen Lästern beteiligt hat, fällt es ihm auch nach Ritas Äußerung als erstem leicht, Positives über den Besucher zu sagen („nett", „höflich" Z. 48).
- Rita: Wie verletzt sie ist, wird zunächst nur durch Körperhaltung und Gestik beschrieben. Sie versucht das Verhalten des Mannes zu erklären (Z. 27–29), macht dadurch aber zunächst alles noch schlimmer. Ritas Wandlung besteht darin, dass sie sich zunächst zu schämen scheint und lange dem Lästern zuhört, ja den Besucher verteidigt. Dann jedoch wird an ihrer „aufrechten" (Z. 40) Kopfhaltung bei der Eröffnung, dass es sich um ihren Verlobten gehandelt habe, deutlich, dass sie zu ihrer Entscheidung steht und die Familienmitglieder verachtet. Sie lacht, als die anderen aufhören: Diesmal sind die anderen Objekt des Lachens, nun aber zurecht! Sie äußert sich der besonders gehässigen Nanni gegenüber ironisch.

Im zweiten Teil der Aufgabe geht es um die Glaubwürdigkeit. Mit Textanalyse kann man diese Frage nicht umfassend beantworten, sondern hier tauschen die Schüler ihre Menschenbilder und psychologischen Ansichten aus. Eher glaubwürdig scheint die Scham auf Seiten der Mutter, weil sie beim Spott Maß gehalten hat, und bei Milena, weil sie von vornherein den Besucher differenzierter gesehen hat. Ob Nanni sich glaubwürdig schämt, bleibt offen und kann kontrovers diskutiert werden. Der Vater macht eigentlich kaum eine Wandlung durch. Ritas Wandlung erscheint glaubwürdig, weil ihre Äußerungen durch ihre Körpersprache bestätigt werden.

Aufgabe 3

Individuelle Lösungen

Aufgabe 4

Hier ist besonders Ritas Körperhaltung bedeutsam (siehe Aufgabe 2).

3 Wilhelm Busch, Die Selbstkritik ... (S. 11)

Aufgabe 1

Er tut so, als wäre er bescheiden; er gilt als ehrlich; er kommt denen zuvor, die ihn an sein schlechtes Spiel erinnern könnten; er hofft darauf, dass nun alle sagen, dass sein Tor mehr wert sei.

Aufgabe 2

Selbstkritik ermöglicht, die eigenen Grenzen und Fehler zu erkennen und zuzugeben. Es ist wichtig, dass man beim Streiten auch die eigenen Fehler erkennt und dass man zur Versöhnung auch zugeben kann, dass man selbst nicht fehlerfrei ist.

4 Arezu Weitholz, Interview mit den „Ärzten" (S. 12)

Aufgabe 1 u. 2

Individuelle Lösungen

Lösungen zu den Aufgaben im Sprachbuchteil

Miteinander reden

Aufgabe 1 / Seite 14

Bei der Betonung auf „drauf" ist eine sachliche Antwort zu erwarten, z. B. „Leberwurst", bei Betonung auf „da" ist eine eher beleidigte Reaktion zu erwarten: „Sei froh, dass ich dir etwas abgebe, statt an meinem Brot herumzumäkeln".

Aufgabe 2 / Seite 14

Vermutlich will der Sender nur fragen, was das Grüne ist. Die Empfängerin versteht die Botschaft aber als Kritik an ihrer Kochkunst.

Aufgabe 4 / Seite 15

- Selbstoffenbarung
- Appell
- Beziehung
- Beziehung
- Sache
- Beziehung

Aufgabe 6 / Seite 15

Ich-Botschaft teilt die eigene Wahrnehmung und die eigene Reaktion mit, greift den anderen nicht an, sondern gibt ihm die Gelegenheit zur Richtigstellung.

Aufgabe 7 / Seite 15

Die Gesten und Körperhaltungen sind teils verschieden interpretierbar, folgende Deutungen könnten jedoch diskutiert werden:
– 1: links: abwiegelnd, entschuldigend/rechts: auf dem Standpunkt beharrend, vorwurfsvoll
– 2: links: hilflos, verteidigend/rechts: vorwurfsvoll, anklagend
– 3: links: sich selbst beschuldigend/ rechts: auf dem Standpunkt beharrend, vorwurfsvoll
– 4: links: nachdenklich/rechts: verschlossen, abwartend
– 5: beide: offen, fröhlich, überschwänglich, den anderen bejahend
– 6: beide: hilfesuchend, unsicher
– 7: links: wütend, vorwurfsvoll, affektgeladen/rechts: sich verteidigend, argumentierend
– 8: beide: freundliches Gespräch, etwas distanziert

Aufgabe 3 / Seite 19

- Auch wenn sich Auggie und Rashid eigentlich mit Schimpfwörtern – „Scheißkerl" (Z. 93), „Arschloch" (Z. 94) – ansprechen, haben sie ein freundschaftlich nettes Verhältnis zueinander – sie haben sich gerade versöhnt und lächeln sich an.
- Normalerweise würde man vermuten, dass das Verhältnis feindlich und von Hass geprägt ist – mit solchen Ausdrücken drückt man seine Verachtung aus und möchte den anderen beleidigen.

Aufgabe 5 / Seite 20

Mehrere Lösungen sind möglich. Zum Beispiel:

Sehr geehrter Herr ...,
wegen meines gestrigen unverantwortlichen Verhaltens möchte ich Sie aufrichtig um Entschuldigung bitten. Ich wollte Sie nicht beleidigen, habe aber übereilt gehandelt, was mir sehr peinlich ist und was ich bereue. Am liebsten würde ich den Vorfall ungeschehen machen. Ich wäre sehr unglücklich, wenn ich durch meine Unbesonnenheit Ihre freundschaftliche Einstellung mit gegenüber verscherzt haben sollte. Ich achte Sie sehr hoch und werde daher heute auch noch persönlich vorbeikommen, um Sie um Verzeihung zu bitten.
Mit freundlichem Gruß

Aufgabe 1 / Seite 20

Individuelle Lösungen. Als Bedeutungswandel sollte jeweils erkennbar sein:

- neutral – bedrohlich
- neutral – abwertend
- neutral – abwertend
- neutral – abwertend
- neutral – aufwertend
- neutral – aufwertend (u. U. aber keine Synonyme)
- Tendenz hängt davon ab, was in der Wirklichkeit vorliegt.

Aufgabe 2 / Seite 21

Es handelt sich um die Beschönigung/Verschleierung eines Sachverhalts, der so schmerzhaft ist, dass man ihn nicht direkt aussprechen mag.

Aufgabe 3 / Seite 21

Alles, was mit dem Unterleib, vor allem mit Ausscheidung (bei Mensch und Tier) zusammenhängt, überhaupt alle Körperzonen, die in der Öffentlichkeit gewöhnlich bedeckt sind, oder Handlungen, die mit Sexualität verbunden werden könnten („ausziehen").

Aufgabe 4 / Seite 21

z. B. „Winde" statt „Blähungen", „laufen müssen" statt „dauernd urinieren müssen", „spucken" statt „sich erbrechen"

Aufgabe 5 / Seite 21

Hier soll der negative Charakter des Sachverhalts verschleiert werden, in mehreren Fällen um die Frage nach Schuld und Verantwortung abzuwenden.

Aufgabe 6 / Seite 21

- *Rentnerschwemme:* Ansteigen des zahlenmäßigen Anteils der Rentner an der Gesamtbevölkerung/Bild einerseits aus dem Bereich der Naturgewalten, dann Assoziation „Überschwemmung" → Rentner gefährden die anderen, andererseits Bild aus der Wirtschaft (Schwemme = überreichliches Warenangebot) → Rentner erscheinen als wertlose Massenware.
- *Schülermaterial:* Synonym für Gesamtheit der Schüler/Material = für eine Arbeit benötigter Werkstoff → Menschen werden zu einer Ware.
- *Ethnische Säuberung:* Verfolgung und Vernichtung einer bestimmten Volksgruppe/Säuberung = an sich positiver Vorgang der Beseitigung einer Unreinheit → Rechtfertigung der Vernichtung von Menschen
- *Sonderbehandlung:* im Nazi-Deutsch Vernichtung von Menschen/Sonder- = besondere Art der Behandlung → Relativierung oder Verschleierung der wahren – ethisch verwerflichen – Tat.
- *Notleidende Banken:* Banken, die infolge der Finanzkrise 2009 in Schwierigkeiten gekommen sind/„notleiden" = arm sein, unverschuldet in Not geraten sein (etwas erleiden) → Verdrehung des Sachverhalts, dass Bankspekulanten die Verursacher der Krise waren. Außerdem sind eher die Bankkunden die „Notleidenden", da Verarmten, als die Bankmanager, die vielfach durch ihre maßlose Selbstbereicherung erst die Krise heraufbeschworen haben.

Aufgabe 8 / Seite 22

- Pflegen ist eine höherwertige Tätigkeit als Putzen: höhere Wertschätzung des Berufs.
- Schule soll nicht eine Gruppe absondern und ausgrenzen (negativ), sondern besonders fördern (positiv); die Bezeichnung ist insofern etwas unglücklich, als an sich jede Schule fördern sollte.
- Behinderte werden nicht als Personen angesehen, die Sorgen machen, sondern ein Teil der Menschheit sind.
- Das Motiv des Kämpfers wird mit einem positiven Wert gerechtfertigt.
- Die Freiheit der Entscheidung über das eigene Leben wird betont.
- Das Tierverhalten wird nicht moralisch gewertet, sondern nur beschrieben.
- Pflanzen werden nicht allein im Hinblick auf ihre Verwertung durch den Menschen gesehen.

Aufgabe 9 / Seite 22

Ursache: Die Bezeichnungen wurden oft abfällig benutzt, so dass mit der Vermeidung des alten Worts auch eine Abkehr vom alten Denken verdeutlicht werden soll. Bisweilen soll auch die Fremdbezeichnung durch den Namen ersetzt werden, den die Gruppe sich selbst gegeben hat.
Neger → überwiegend hat sich der Ausdruck „Farbiger" oder „Schwarzer" durchgesetzt. Auch diese Bezeichnungen werden aber kritisiert und die Vorschläge für Bezeichnungen ändern sich: Rechercheaufgabe! Wenn möglich, sollten „farbige" Schüler ihre präferierte Bezeichnung nennen und erläutern. Zigeuner → Sinti und Roma. Eskimos → Inuit (Sg. Inuk = Mensch)

Aufgabe 10 / Seite 22

Am neutralsten ist die dritte Formulierung.

Aufgabe 11 / Seite 22

- Liebe Mitbürgerinnen und Mitbürger/ Sehr geehrte ... : beide Geschlechter werden ausdrücklich erwähnt
- Lehrkraft: geschlechtsneutrale Bezeichnung für Lehrerin/Lehrer
- Auszubildende .... (m/w): Das Wort könnte entweder als Bezeichnung für Männer und Frauen (Plural) oder als Bezeichnung nur für Frauen (Singular) verstanden werden. Deshalb trägt die Klammerbezeichnung zur Klärung bei.

Überprüfen und Sichern

Quelle: Die Ärzte: ***LASSE REDN****, Komponist: Farin Urlaub, Text: Farin Urlaub*
zu finden auf der CD „Lasse redn“, 2008
http://www.bademeister.com/

Aufgabe 1 / Seite 23

Im ersten Modell gibt es keine Rückmeldung, d. h. es handelt sich um eine einseitige Kommunikation. Im zweiten Schema ist diese Rückmeldung berücksichtigt. Hierfür ändern sich aber die Rollen von Sender und Empfänger.

Aufgabe 2 / Seite 23

Es wird **nur über** Leute, nicht aber **mit** ihnen geredet. So kommt es zu Missverständnissen, die zu Verleumdungen führen können.

Aufgabe 3 / Seite 23

- Langeweile: „Die meisten Leute haben ja nichts Besseres zu tun“ (Z. 12)
- Gewohnheit: „das haben die immer schon gemacht“ (Z. 14)
- Eintönigkeit: „Es ist ihr eintöniges Leben, was sie quält“ (Z. 26)
- Spannung fehlt: „Tag wird interessanter…“ (Z. 27)

Aufgabe 4 / Seite 23

Tipps der Ärzte	**Bewertung**
„Lass die Leute reden und hör ihnen nicht zu“	nicht sehr sinnvoll, da man so keine Missverständnisse aus der Welt schaffen kann
„Lass die Leute reden und lächle einfach mild“	Gute Miene zum bösen Spiel machen hilft nur manchmal. Dennoch ist „Milde“ bzw. Sanftmut sicher besser als eine wütende Überreaktion und kann einigen den Wind aus den Segeln nehmen.
„Und ein wenig Heuchelei kannst du dir durchaus leisten Bleib höflich und sag nichts – das ärgert sie am meisten“	Bei einigen Leuten, die Gerüchte verbreiten, kann dies durchaus fruchten. Nimmt derartiges aber überhand, kommt man um eine Aussprache nicht herum.

weitere Lösungsmöglichkeiten:
- Probleme ansprechen
- die Lage richtig darstellen
- Verleumder zu einer Gegendarstellung aufrufen

Kopiervorlage

Gabriele Wohmann

Ein netter Kerl

Ich habe ja so wahnsinnig gelacht, rief Nanni in einer Atempause. Genau wie Du ihn beschrieben hast, entsetzlich.
Furchtbar fett für sein Alter, sagte die Mutter. Er sollte vielleicht Diät essen. Übrigens, Rita, weißt du, ob er ganz gesund ist?
Rita setzte sich gerade und hielt sich mit den Händen am Sitz fest. Sie sagte: Ach, ich glaub schon, daß er gesund ist. Genau wie du es erzählt hast, weich wie ein Molch, wie Schlamm, rief Nanni. Und auch die Hand so weich.
Aber er hat dann doch auch wieder was Liebes, sagte Milene, doch, Rita, ich finde er hat was Liebes, wirklich.
Na ja, sagte die Mutter, beschämt fing auch sie wieder an zu lachen; recht lieb, aber doch gräßlich komisch. Du hast nicht zuviel versprochen, Rita, wahrhaftig nicht. Jetzt lachte sie laut heraus. Auch hinten im Nacken hat er schon Wammen, wie ein alter Mann, rief Nanni. Er ist ja so fett, so weich, so weich! Sie schnaubte aus der kurzen Nase, ihr kleines Gesicht sah verquollen aus vom Lachen.
Rita hielt sich am Sitz fest. Sie drückte die Fingerkuppen fest ans Holz.
Er hat so was Insichruhendes, sagte Milene. Ich find ihn so ganz nett, Rita, wirklich, komischerweise.
Nanni stieß einen winzigen Schrei aus und warf die Hände auf den Tisch; die Messer und Gabeln auf den Tellern klirrten.
Ich auch, wirklich, ich find ihn auch nett, rief sie. Könnt ihn immer anseh'n und mich ekeln.
Der Vater kam zurück, schloß die Eßzimmertür, brachte kühle nasse Luft mit herein. Er war ja so ängstlich, daß er seine letzte Bahn noch kriegt, sagte er. So was von ängstlich.
Er lebt mit seiner Mutter zusammen, sagte Rita.
Sie platzten alle heraus, jetzt auch Milene. Das Holz unter Ritas Fingerkuppen wurde klebrig. Sie sagte: Seine Mutter ist nicht ganz gesund, so viel ich weiß.
Das Lachen schwoll an, türmte sich vor ihr auf, wartete und stürzte sich dann herab, es spülte über sie weg und verbarg sie: lang genug für einen kleinen schwachen Frieden. Als erste brachte die Mutter es fertig, sich wieder zu fassen.
Nun aber Schluß, sagte sie, ihre Stimme zitterte, sie wischte mit einem Taschentuchklümpchen über die Augen und die Lippen. Wir können ja endlich mal von was anderem reden.
Ach, sagte Nanni, sie seufzte und rieb sich den kleinen Bauch, ach ich bin erledigt, du liebe Zeit. Wann kommt die große fette Qualle denn wieder, sag, Rita, wann denn? Sie warteten alle ab.
Er kommt von jetzt an oft, sagte Rita. Sie hielt den Kopf aufrecht.
Ich habe mich verlobt mit ihm.
Am Tisch bewegte sich keiner. Rita lachte versuchsweise und dann konnte sie es mit großer Anstrengung lauter als die anderen, und sie rief: Stellt euch das doch bloß mal vor: mit ihm verlobt! Ist das nicht zum Lachen!
Sie saßen gesittet und ernst und bewegten vorsichtig Messer und Gabeln.
He, Nanni, bist du mir denn nicht dankbar, mit der Qualle hab ich mich verlobt, stell dir das doch mal vor!
Er ist ja ein netter Kerl, sagte der Vater. Also höflich ist er, das muß man ihm lassen.
Ich könnte mir denken, sagte die Mutter ernst, daß er menschlich angenehm ist, ich meine, als Hausgenosse oder so, als Familienmitglied.
Er hat keinen üblen Eindruck auf mich gemacht, sagte der Vater.
Rita sah sie alle behutsam dasitzen, sie sah gezähmte Lippen. Die roten Flecken in den Gesichtern blieben noch eine Weile. Sie senkten die Köpfe und aßen den Nachtisch.

Spotlights

Zur Konzeption des Kapitels

Die inhaltlich-thematische Klammer des Kapitels bilden Momente, in denen die Bedeutung eines Sachverhalts schlaglichtartig klar oder eine plötzliche Erkenntnis gewonnen wird. Im Lesebuchteil wird dieser Vorgang in einem Gedicht dargestellt. In einer Kurzgeschichte und einer Anekdote wird vorgeführt, wie ein solches „Spotlight" funktioniert.
Im Sprachbuchteil behandeln zwei große Blöcke die Interpretation von Erzähltexten, nämlich analytische und eine produktionsorientierte Vorgehensweisen.
Der erste Komplex umfasst die Inhaltsangabe sowie die Interpretation von Textmerkmalen im Anschluss an eine Inhaltsangabe, dabei auch die Interpretation im historischen Kontext.
Der zweite Komplex umfasst das Füllen von Leerstellen unter bewusster Verwendung von Stilmitteln sowie das Umschreiben in eine andere Textsorte.

Lösungen zu den Aufgaben der Lesetexte

0 Gottfried Benn, Ein Wort (S. 25)

Aufgabe 1

Spot = Punkt, Light = Licht, Punktstrahler, Scheinwerfer. Meint im Unterschied zum Flutlicht einen scharf umgrenzten Lichtkegel, der im Unterschied zum Mondlicht plötzlich an- und ausgeschaltet werden kann und – ebenfalls im Unterschied zum Mondlicht – etwas hell anstrahlt. Lenkt damit besondere Aufmerksamkeit auf etwas und lässt es gut erkennbar werden.

Aufgabe 2

Benn arbeitet mit der Lichtmetapher. Für ihn ist das Wort eine Art Punktstrahler, der kurz etwas im „leeren Raum um Welt und ich" beleuchtet und so „Sinn" (1. Strophe) aufscheinen lässt. Er traut also der Sprache punktuelle Erkenntnis zu. Verwandt ist die Redewendung: „Mir geht ein Licht auf".

1 Alun Lewis, Der Lapsus (S. 26)

Aufgabe 1

Henry fährt seit fünf Jahren an jedem Arbeitstag eine bestimmte Strecke mit dem Zug hin und zurück. Sein Leben ist monoton und er selbst antriebsarm und wenig kontaktfreudig. Er denkt über seine „deprimierende" (Z. 22) Situation nach. Die Umgebung ist gewöhnlich bis ärmlich.

Aufgabe 2

Die Gedanken Henrys werden vor allem durch den Wechsel in die Ich-Form signalisiert.

Aufgabe 3

Ein „Versehen" ist der Ausstieg Henrys an der falschen Station. In Wirklichkeit ist es jedoch kein Versehen, sondern Ausdruck seines Wunsches, aus dem eingefahrenen Trott „auszusteigen" und Kontakt mit dem Mädchen aufzunehmen.

Aufgabe 4

Wofür Henry mit seinem Verhalten steht, können die Schüler durchaus unterschiedlich interpretieren, z. B. Scheitern bei dem Versuch, Schüchternheit zu überwinden, Isolation zu überwinden, aus dem Alltagstrott auszusteigen, sein Leben in die Hand zu nehmen ... Die Gründe des Scheiterns können nur vermutet werden. Wenn man den Zug als Metapher versteht, dann „pfeift" ihn die Vorstellung von Ordnung zurück.

Aufgabe 5

Alle Kriterien sind erfüllt! Dabei stellt das Ereignis zwar vielleicht keinen Wendepunkt im Leben des Protagonisten dar, aber eine signifikante Situation, die ein Schlaglicht auf sein Leben wirft und auf die Unfähigkeit, eine an sich gewünschte Wende herbeizuführen.

2 Erich Kästner, Der gordische Knoten (S. 29)

Aufgabe 1

Eine komplizierte Angelegenheit nicht geduldig und gewaltfrei „aufzudröseln“, also zu entwirren, sondern mit Gewalt zu zerschlagen.

Aufgabe 2

Zerschlagen: Krieg, Entwirren: Diplomatie, Verhandlungen

Aufgabe 3

Eine komische Wirkung entsteht z. B. durch den Gebrauch der Umgangssprache („stracks“, „na ja“ ...), die Gleichsetzung des großen Eroberers mit sich selbst als kleinem Jungen, die bürgerliche Ermahnungen der Mutter des Verfassers an den großen Eroberer.

Lösungen zu den Aufgaben im Sprachbuchteil

Inhaltsangabe eines Erzähltextes

Aufgabe 2 / Seite 31

Die Pointe besteht darin, dass die Ich-Erzählerin der Frau, die sie besonders unsympathisch findet, sehr zu ähneln scheint.

Aufgabe 3 / Seite 32

Mögliche Lösungen: Die Ich-Erzählerin erkennt, dass sie selbst nicht besser ist als andere, die sie kritisiert; sie erkennt, dass sie anders wirkt, als sie sich selbst sieht; sie erkennt, dass man andere nicht nach dem Äußeren beurteilen soll ...

Aufgabe 1 / Seite 33

- ... der 3. Person Singular
- ... „zwei Tage zuvor“
- ... , die Frau in dem roten Mantel erinnere sie in ihrer ganzen Art sehr an ihre Freundin.
- Sie spürt ein Gefühl des Ekels angesichts der beim Lesen essenden Frau, obgleich diese nicht schmatzt.

Aufgabe 2 / Seite 33

Das Fragezeichen steht für eine knappe Angabe zum Inhalt. Zu bestimmen, was der Inhaltskern jeweils ist, fällt den Schülern erfahrungsgemäß schwer und ist auch an sich nicht einfach, weil einerseits die bloße Handlungsoberfläche oft wenig aussagekräftig ist, andererseits die Interpretation noch nicht im Basissatz erfolgen soll. Spezielle Übungen zum Basissatz mit ausführlicher Reflexion und einer klasseninternen klaren Richtlinie, die vereinbart werden müsste, empfehlen sich daher ebenso wie eine in diesem Alter noch großzügige Korrekturpraxis. Im vorliegenden Beispiel sind die folgenden Lösungen am ehesten akzeptabel: a, c, d.
Eine pragmatische Lösung wäre, wenn sich Lehrer und Klasse darauf einigen, nur die Situation zu nennen, also „... wird ein Erlebnis einer junge Frau bei der täglichen Busfahrt erzählt.“

Aufgabe 3 / Seite 33

Tempus der Inhaltsangabe ist das Präsens (Vorzeitiges steht im Perfekt).

Untersuchung und Interpretation eines Erzähltextes

Aufgabe 2 / Seite 35

Bei dieser Aufgabe sollte auch der folgende Methodenkasten berücksichtigt werden. Entscheidend ist nicht, dass die Schüler irgendwelche Oberflächenmerkmale aufzählen, sondern sich klar machen, dass diese eine bewusste Auswahl des Verfassers darstellen. Diese Auswahl wäre dann nämlich in einem zweiten Schritt interpretierbar (s. Kasten „Interpretation“ auf Seite 36). Zur Verdeutlichung, dass es sich nicht um Zufälligkeiten, sondern bewusste Gestaltungsmerkmale handelt, hilft es, sich Alternativen zu überlegen.

„Der gordische Knoten“: z. B.
- *Figuren:* Ich-Erzähler, hier tatsächlich der Autor selbst, da seine Mutter „Frau Kästner“ heißt – seine Mutter / Alexander – dessen Soldaten

- *Ort:* Gordium (antiker Schauplatz) – Deutschland (Kindheitsort des Autors)
- *Zeit:* Antike – Kindheitsjahre des 1899 geborenen Autors
- *Äußere und innere Handlung:* nur äußere Handlung
- *Erzählperspektive/ Erzähltechnik:* Ich-Erzähler, kommentierend, spekulativ
- *Aufbau:* Dreiteilung: Geschehen in der Antike – Bewertung der Situation durch die Mutter – Schlussfolgerung
- *Sprache / Stilmittel:* direkte Reden (fast szenisch), Ironie
- *Textsorte:* Satire auf eine bekannte Geschichtsanekdote
- *Überschrift:* Gibt Thema an, überraschend ist aber die Art der Bewertung

Aufgabe 4 / Seite 36

- z. B. unvermittelter Einstieg → zieht den Leser sofort ins Geschehen; offenes Ende → Denkanstoß, alltägliche Person → Identifikation, Wendepunkt? → andere Einstellung zu Mitmenschen und zu sich selbst nach dem Ereignis (usw.)
- z. B. langsamer Aufbau der Aversion, ganz am Schluss die Pointe → Spannungsaufbau, Überraschung
- z. B. intensive Darstellung der Innenperspektive, die am Schluss durch die Außenperspektive korrigiert wird. → Warnung, sich in etwas Ausgedachtes hineinzusteigern und zu verrennen.

Je nachdem, in welcher Richtung und auf welchem Level die Lehrkraft mit der Klasse arbeiten will, sollten die Aufgabenbeispiele der Unterrichtssituation angepasst behandelt werden. Entscheidend ist, dass die Schüler erkennen, dass Untersuchung und Deutung zusammengehören, dass also einerseits eine Deutung ohne Untersuchung nur subjektive Spekulation ist (eine „Interpretation", die nicht mit Textmerkmalen begründet werden kann), andererseits eine Untersuchung ohne Deutung nur eine positivistische, selbstzweckhafte Befassung darstellt.

Aufgabe 1 / Seite 37

Hauptpersonen: ein männlicher Jugendlicher (Michael), Polizei;
Ort und Zeit: aus der Formulierung „sozialistisches Zusammenleben" kann man schließen, dass es sich um einen sozialistischen Staat handelt, aus der Währung „Mark", dass es ein deutscher Staat ist, also die DDR. Die Zeit lässt sich nicht genau bestimmen, vermutlich beziehen die Schüler aber das Foto mit ein und raten, dass es sich nicht gerade um die Anfangsjahre der DDR handelt.

Aufgabe 2 / Seite 37

Folgende zusätzliche Informationen vermittelt der Passus: Das genaue Datum, den genauen Ort (Ostberlin), eine genauere Eingrenzung der Situation: nach einer friedlichen, internationalen Massenveranstaltung von Jugendlichen. Inwiefern sich das Textverständnis der Schüler modifiziert, sollte Gegenstand eines Gesprächs sein, kann aber nicht genau prognostiziert werden.

Aufgabe 3 / Seite 38

Klärung des historischen Zusammenhangs: Z. 1–4 , Textdeutung: Z. 5–16

Aufgabe 5 / Seite 39

Historische Zusammenhänge Z. 1–4; Zusammenhang mit anderen Werken Z. 11–16; Autorenbiografie Z. 17–32

Aufgabe 6 / Seite 39

Verschiedene Formulierungen sind möglich, z. B.: Das Dritte Reich pflegte eine Kriegsheldenverehrung, was sich in seiner militanten Geschichtsschreibung niederschlug. Nach 1946 konnten viele, die im Dritten Reich herangewachsen waren, die nun notwendige Abrüstung ihrer Ideale schwer ertragen, weshalb es Kästner mit einer humorvollen Form der Infragestellung versucht.

Produktiver Umgang mit einem Erzähltext

Aufgabe 1 / Seite 40

Schritt 2: Hauptpersonen: Ich-Erzählerin (junges Mädchen), ihr Freund, andere weibliche Jugendliche namens Kirsten;
Ort: ein Lokal oder eine Diskothek;
Zeitraum: setzt während des Aufenthalts in dem Lokal ein und geht bis zu dem Moment, an dem die Ich-Erzählerin und ihr Freund das Lokal verlassen.

Aufgabe 1 / Seite 44

Nötiges Vorwissen: Textmerkmale der „Meldung" (sachlich, knapp, ohne Bewertungen).
Umgang mit dem Brechttext:
- Kommentierende Bemerkung wegstreichen (Z. 1f.)
- Antworten auf W-Fragen herausschreiben (Wer? Was?)
- W-Fragen, die Leerstellen sind, ergänzen: Wo? Wann?
- Erzählstil in Berichtstil umformen
- Einzelheiten zusammenfassen

Einen Text szenisch interpretieren

Aufgabe 3 / Seite 47

Auch bei der szenischen Darstellung eines vorgegebenen Rollentextes sind viele verschiedene Möglichkeiten der Konkretisierung vorhanden: Wie spricht eine Figur, wie bewegt sie sich, wie interagiert sie mit andere, wie sieht sie aus? usw.

Überprüfen und Sichern

Aufgabe 2 / Seite 50

- In der Wohnung des frisch gebackenen Lehrers Kranich.
- Bis zum 20.08., ungefähr drei Wochen.
- „eine tollkühne Verantwortungslosigkeit sich selbst und dem eigenen Leben gegenüber" (Z. 51 f.) Er beschreibt damit den Grund für die Besessenheit des Ich-Erzählers vom Telefon, da von diesem Anruf sein ganzes restliches Leben abhängt. Denn wenn er nicht erreichbar ist, bekommt ein anderer die Stelle und für ihn bleibt nur „ein Leben unter Brücken, Nächte in einem Obdachlosenheim, Verzweiflung, Grauen, Kälte" (Z. 66–69).

Aufgabe 3 / Seite 50

In „Lehrerzimmer" von Orths – 2006 veröffentlicht – geht es um einen jungen Lehrer, der wartet.

fehlende Aspekte: Textsorte, Vorname des Autors, genaue Kernaussage
Fehler/ Unzulänglichkeiten: sprachliche Verkürzung des Veröffentlichungstermins

Der Text „Lehrerzimmer" von Markus Orths wurde 2006 veröffentlicht. Er handelt über einen frischgebackenen Lehrer, der sich mit dem Telefon rumärgert.

fehlende Aspekte: genau Textsorte, genaue Kernaussage
Fehler/ Unzulänglichkeiten: *Tempus:* Perfekt bei Vorzeitigkeit, Ausdruck: handelt über einen ..., rumärgern = umgangssprachlich

Der Prolog des Romans von Markus Orths, der 2006 veröffentlicht worden ist, erzählt von einem angehenden Lehrer, der lange auf den wichtigsten Anruf seines Lebens warten muss, um zu erfahren, ob und wo er seine erste Stelle antreten kann.

fehlende Aspekte: Titel, genauerer Kern

Aufgabe 4 / Seite 50

z. B.
In dem „Prolog" des 2006 veröffentlichten satirischen Romans „Lehrerzimmer" von Markus Orths geht es um einen angehenden Lehrer, der lange auf den sehr wichtigen Anruf warten muss, der ihm mitteilt, ob und wo er seine erste Stelle antreten kann. In diesem Zeitraum bewirkt die Verzweiflung bei dem jungen Mann zahlreiche sonderbare Verhaltensweisen.

Aufgabe 5 / Seite 50

In der Geschichte geht es um ...
- Die Geschichte handelt von ...
- In der Geschichte wird dargestellt, wie ...
- Die Geschichte erzählt von ...

Der Text wurde … veröffentlicht.
- Der Text erschien …
- Der Text wurde … herausgegeben.

Aufgabe 6 / Seite 50

Mann: angehender Lehrer – Ich-Erzähler – ~~frischgebackener Lehrer~~ – Wartender – ~~Autor~~ – junger Mann – ~~Markus Orths~~ – ~~Student~~

Begründungen:
- *frischgebackener Lehrer:* Er ist noch nicht Lehrer, da er noch keine Stelle hat.
- *Autor:* Der Autor darf auf keinen Fall mit dem Erzähler verwechselt oder gleichgesetzt werden.
- *Markus Orths:* Dies ist der Autor (s.o.).
- *Student:* Der Ich-Erzähler hat sein Studium bereits abgeschlossen.

Aufgabe 7 / Seite 50

Abschnitt	**Kerninhalte**
Z. 1–17	am Anfang der Wartezeit, erster Anruf (Umfrage)
Z. 17–45	erste Maßnahmen für die ständige Erreichbarkeit: schnurloses Telefon, nächtlicher Tausch, Essenservice, Fernseher auf unterster Lautstärkestufe, Rauchen, Kontrolle des Freizeichens
Z. 46–64	Horrorgeschichten über andere angehende Lehrer, die nicht erreichbar waren
Z. 65–81	Angstvorstellungen, Ausmalen der Folgen, körperliche Verwahrlosung
Z. 81–125	zweiter Anruf (Mutter), Angst davor, dass in diesen 20 Sekunden jemand angerufen haben könnte
Z. 126–142	neue Pläne, um ruhiger zu werden: längere Schnur, Meditation, Erinnerungsnotiz
Z. 142–150	**der** Anruf des Oberschulamtes, Erlösung des Lehrers

Aufgabe 8 und 9/ Seite 51

Individuelle Lösungen

Zusatzmaterial

Folgenden Text finden Sie als Kopiervorlage auf S. 18 und als Datei auf der beiliegenden CD-ROM.

Gottfried Benn, Ein Wort

aus: ders., Statische Gedichte, © 1983, 2006 by Arche Literaturverlag AG, Zürich-Hamburg, o. S.

Kopiervorlage

Gottfried Benn
(1886–1956)

Ein Wort

Ein Wort, ein Satz –: aus Chiffren[1] steigen
erkanntes Leben, jäher Sinn,
die Sonne steht, die Sphären[2] schweigen,
und alles ballt sich zu ihm hin.

Ein Wort – ein Glanz, ein Flug, ein Feuer,
ein Flammenwurf, ein Sternenstrich –
und wieder Dunkel, ungeheuer,
im leeren Raum um Welt und Ich.

[1] *Chiffren: Ziffer, Namenszeichen, Geheimzeichen*

[2] *Sphären schweigen: vgl. Sphärenmusik: nach dem antiken Philosophen Pythagoras dem Ohr nicht hörbare, durch die Bewegung der Himmelskörper verursachte Töne.*

Lebenswünsche – Lebenswege

Zur Konzeption des Kapitels

Im Lesebuchteil stehen autobiografische Texte im Mittelpunkt, ein Ausschnitt aus einem Tagebuch, Ausschnitte aus einer Autobiografie und einem autobiografischen Roman und ein essayistischer autobiografischer Text. Dazu kommt, zur Reflexion des Kapitels, ein sprachspielerisches Gedicht. Die Aufgaben nehmen das Thema des Kapitels – an die persönliche Entwicklung der 9.-Klässler anknüpfend, die beginnen ihr Erwachsenenleben ernsthaft in den Blick zu nehmen – in der Weise auf, dass Wunsch/Erwartung und ihre gescheiterte oder gelungene Umsetzung in der jeweiligen Biografie untersucht werden, und zwar bei Personen, die durchwegs der Literatur verpflichtet waren oder sind. Die Aufgaben dienen außerdem dazu, textanalytische Verfahren weiter einzuüben, und sie schlagen den Bogen zur Beschäftigung mit Biografien im Sprachbuchteil.
Hier wird handlungsorientiert, wo immer möglich induktiv, das Referat erarbeitet, von der Themenfindung bis zu seinem Vortrag und zur Gestaltung eines Thesenpapiers mit Quellenangaben und Zitaten. Als Beispiel dient die Biografie einer Naturwissenschaftlerin aus der 1. Hälfte des 20. Jahrhunderts, die auch als Jugendbuch vorliegt (Kerner, Charlotte: Lise, Atomphysikerin. Die Lebensgeschichte der Lise Meitner, Weinheim und Basel: Beltz & Gelberg, 1986). Weitere Vorschläge für Referatthemen ergeben sich aus Hinweisen auf Biografien für Jugendliche.

Lösungen zu den Aufgaben der Lesetexte

0 Henriette Herz, Verlobung (S. 52), Maxi Wander, Ein Blatt weißes Papier (S. 53)

Aufgabe 1

Henriette Herz erwartet materielle Vorteile: bessere Kleider, einen Friseur, größeres Taschengeld, besseres Essen (Z. 18–23), wobei die letzte Erläuterung Zeile 23 f. auch darauf hinweist, dass dies Vorrechte von Erwachsenen sind, sie also über die materiellen Verbesserungen und Genüsse auch eine Teilhabe am Erwachsenenleben und möglicherweise mehr Freiraum erhofft. So lässt sich die Hoffnung auf Spaziergänge, „von meinem Bräutigam geführt", (Z. 16 f.) deuten.

Aufgabe 2

Maxi Wander will – nach dem Vorbild einer Pianistin – ihre Talente nutzen (Z. 22 f.), will Selbstverwirklichung, künstlerisch tätig sein als Schriftstellerin.
Henriette will aus dem engen Alltag des Kindes hinaus – in den materiell besseren Alltag der Erwachsenen, bleibt aber den Rollenvorstellungen der Zeit verbunden. Maxi Wander fühlt sich eingeengt durch die Alltagspflichten der erwachsenen Frau (Hausarbeit, Z. 31), hätte allerdings auch ein schlechtes Gewissen dabei, sich bedienen zu lassen (Z. 26 ff.).

Aufgabe 3

Herz (1764–1847) führte nach ihrer Heirat einen Salon in Berlin, in dem sich Dichter, Philosophen und Wissenschaftler trafen (A. und W. Humboldt, Fichte, Schleiermacher, Börne) und der ein Zentrum des intellektuellen Berlins im frühen 19. Jahrhundert bildete. Damit entwickelt sie einen sehr viel größeren Handlungsraum, als sie sich mit 15 vorstellen konnte, bleibt dabei aber durchaus innerhalb der Rollenvorstellungen an die bürgerliche – bzw. großbürgerliche – Frau.
Wander (1933–1977), geboren in Österreich, lebte seit 1958 in der DDR, veröffentlichte dokumentarische Literatur (Frauenprotokolle nach Tonbandaufzeichnungen), die ein sensibles Bild weiblicher Lebenserfahrung in der DDR zeichnen. Bekannter wurden ihre postum durch ihren Mann veröffentlichten Tagebuchaufzeichnungen.

1 Paul Auster, Von der Hand in den Mund (S. 54)

Aufgabe 1

In Z. 28–32 und Z. 46–52 wird dargestellt, dass Austers Mutter Einkaufen als eine Aktion inszeniert („Kunstform", Z. 30), in der sie die Fülle der Dinge und ihre eigene Stärke und Großzügigkeit mit Genuss erleben und demonstrieren kann („Mittel der Selbstdarstellung", Z. 29). Es geht dabei also nicht nur um materielle Bedürfnisse. Dies kann ein Anknüpfungspunkt für die eigenen Erfahrungen der Schülerinnen und Schüler darstellen.

Aufgabe 2
Der Erzähler schätzt und verehrt beide Eltern (Z. 75 ff.), er versucht, sich ihr Verhalten zu erklären und dafür Verständnis zu entwickeln.

Aufgabe 3
Paul Auster wurde 1947 in Newark, New Jersey geboren. Sein Vater war Industrieller. Auster lebt heute in Brooklyn, New York, und in Vermont. Er gilt als einer der bedeutendsten Schriftsteller der Gegenwart aus den USA. Seinen ersten Welterfolg erlebte er mit „The New York Trilogy" (1987, auf Deutsch 1989 erschienen), einer Sammlung moderner Detektivgeschichten, und mit dem 1987 in den USA, 1989 in Deutschland veröffentlichten Roman „Im Land der letzten Dinge". Seit 1996 tritt er auch als Drehbuchautor in Erscheinung (Vgl. S. 17 ff. „Smoke").

2 Václav Havel, Ohne Titel (S. 56)

Aufgabe 1
Das Gedicht baut eine Spannung auf zwischen der Individualität und Originalität, zu der der einzige Satz des Gedichts aufzufordern scheint, und der ordentlichen, uniformen Reihe, in der er uns gegenübertritt. Nachdem der schräg gedruckte, nicht beendete, durch die x-Reihe fast unkenntlich gemachte Satz „aus der Reihe getanzt" ist, wird die Aufforderung, mit doppeltem Ausrufungszeichen und Nachdruck, wiederholt – als Verpflichtung oder als Drohung.
Dadurch, dass das Gedicht keinen Titel hat, bleiben den Lesern viele Möglichkeiten der Interpretation.

Aufgabe 2
Wenn man die Überschrift des Kapitels als Entwicklung auffasst – vom Lebenswunsch zum Lebensweg –, so kann man dies als Erzählung mit dem Bruch in der Mitte durchaus auf das Gedicht übertragen und von hier aus auch die Texte des Kapitels reflektieren.

Lösungen zu den Aufgaben im Sprachbuchteil

Ein Referat vorbereiten und halten

Aufgabe 1 / Seite 57
Hauptinformationen:
Otto Hahn, Chemiker, 1879–1968, ab 1928 Direktor des Kaiser-Wilhelm-Instituts (später Max-Planck-Institut) für Chemie in Berlin, entdeckte dort 1938 zusammen mit Straßmann die Spaltung von Urankernen bei Neutronenbestrahlung, erhielt dafür nach dem Krieg den Nobelpreis für Chemie des Jahres 1944.

Lise Meitner, 1878 (Wien)–1968 (Cambridge), 1919 Professorin in Berlin, 1938 Emigration nach Schweden über Dänemark. Hauptarbeitsgebiete: Kernphysik und Radioaktivität. In Berlin Zusammenarbeit mit Otto Hahn; lieferte 1939 mit O.R. Frisch die erste theoretische Erklärung für die von Hahn und Straßmann entdeckte Kernspaltung.

Fritz (eig. Friedrich Wilhelm) Straßmann, 1902–1980, Chemiker. Als Mitarbeiter O. Hahns an der Entdeckung der Kernspaltung beteiligt. Er erhielt dafür 1966 (zusammen mit Hahn und Meitner) den Enrico-Fermi-Preis.
(Quelle: Brockhaus – Die Enzyklopädie in 24 Bänden, Leipzig – Mannheim (20) 2001)

Aufgabe 2 / Seite 57
Die Kopien sind notwendig, um die Vergleiche in Aufgabe 3 durchführen zu können.

Aufgabe 3 / Seite 57
Es wird deutlich, dass Fachlexika zu viele detaillierte Informationen für den Einstieg in ein Thema enthalten.

Aufgabe 4 / Seite 57
In neueren Lexika wird der Anteil aller drei Wissenschaftler an der Entdeckung der Kernspaltung dargestellt.

Aufgabe 5 / Seite 58

Die vierte Fragestellung lässt sich so nicht untersuchen.

Aufgabe 6 / Seite 58

Die drei Leitlinien – eigenes Interesse/Informationsgehalt für Zuhörer/Schwierigkeitsgrad der Sache – finden sich im Kasten.

Aufgabe 1 / Seite 59

Wärmeleitung inhomogener Körper: Meitner untersuchte, ob und wie eine Quecksilber-Fett-Mischung Wärme weitergibt.

Aufgabe 2 / Seite 59

Meitner besuchte auf Wunsch ihrer Eltern den evangelischen Religionsunterricht in der Schule; sie wurde jedoch nicht evangelisch getauft.
Sie war die zweite Frau, die in Wien in Physik promovierte (zusammen mit ihrer Kommilitonin), die vierte an der gesamten Universität Wien.
(Quelle: Kerner, Lise, Atomphysikerin, anders im Brockhaus, a. a. O.)

Aufgabe 1 / Seite 61

Themen der Hauptäste der Mind-Map könnten sein: äußere Bedingungen, Karriere Hahns, Meitners wissenschaftliche Karriere in Wien – in Berlin – nach ihrer Flucht.
Jede Mind-Map ist individuell, entsprechend gibt es viele Lösungsmöglichkeiten.
Das Klebezettel-Verfahren ist variabler als die Mind-Map und erleichtert eher eine – mögliche – chronologische Anordnung der Informationen.

Aufgabe 2 / Seite 61

Bei einer biografischen Darstellung empfiehlt sich die Chronologie als Leitfaden.

Aufgabe 3 / Seite 61

Hier wären stärker die zwei Entwicklungslinien Hahn und Meitner herauszuarbeiten und zu vergleichen. Meitners Schicksal in der NS-Zeit würde wegfallen. Man bräuchte noch weitere Informationen (z. B. die Zulassung der Frauen zu den Universitäten erst ab 1908).

Aufgabe 1 / Seite 62

- Beschreiben
- Berichten oder Erzählen
- Berichten
- Erzählen oder Beschreiben
- Beschreiben

Aufgabe 2 / Seite 62

Der Text ist in einem sachlichen Stil verfasst. Er bezieht sich auf einem Vorgang, der in der Vergangenheit abgeschlossen ist und nicht immer wiederkehrt (anders als die Vorgangsbeschreibung).

Aufgabe 3 / Seite 62

Entscheidend ist, dass die Schülerinnen und Schüler hier nicht meinen, in umgangssprachliche Wendungen verfallen zu müssen, sondern sich anderer narrativer Elemente bedienen: z. B. Veranschaulichung („An diesem Tisch hatte Meitner Jahre hindurch Tag und Nacht gestanden“), gezieltes Hinarbeiten auf den Erwartungsbruch („Was aber stand nun auf der Tafel?) usw.

Aufgabe 1 / Seite 63

Beispiel 1 ist klassisch und knapp, bietet aber keine Anhaltspunkte für die Zuhörer, die nichts über Lise Meitner und ihre Zeit wissen.
Beispiel 2 lenkt den Focus des Interesses auf wichtige Aspekte des Themas, die Entdeckung der Kernspaltung, die zunächst allein Otto Hahn zugeschrieben wurde, und versucht so Interesse zu wecken. Allerdings beginnt sie irreführend mit Otto Hahn und nicht mit dem eigentlichen Thema und könnte so die Zuhörer verwirren.
Beispiel 3 versucht das Interesse der Zuhörer dadurch zu wecken, dass das Thema weiblicher Karrieren heute kurz angerissen wird. Außerdem werden hier Fragen an den Anfang gestellt, die das Interesse der Zuhörer einfangen sollen. Allerdings ist der Bogen, der dann zu Meitner und ihrer Karriere gezogen wird, für die Zuhörer nicht leicht nachvollziehbar.

Aufgabe 2 / Seite 63

Voraussetzung zur Bearbeitung dieser Aufgabe ist die Bearbeitung der Aufgaben zu den entsprechenden Texten im Lesebuchteil (S. 56).
Henriette Herz – eine junge Frau ohne geregelte Ausbildung wird zum Zentrum eines Philosophen- und Dichterkreises im Berlin des frühen 19. Jahrhunderts. Ich möchte euch Henriette Herz mit meinem Referat vorstellen.
Paul Auster gilt heute als einer der bedeutendsten amerikanischen Schriftsteller der Gegenwart. Aber auch er musste sich seinen Erfolg hart erarbeiten. Paul Austers Leben und seine wichtigsten Werke sind Thema meines Referats.

Aufgabe 3 / Seite 63

Beispiel 1: Das also war das Leben Lise Meitners: das Leben einer mutigen und intelligenten Frau, deren Leistungen aus der Geschichte der modernen Physik nicht wegzudenken sind.
Beispiel 2: Wie konnte es also dazu kommen, dass Meitners Leistung so lange nicht gewürdigt wurde? An der Qualität ihrer Forschung lag es sicher nicht – eher schon an Generationen nach ihr, die nur Männer als Wissenschaftler gelten ließen.
Beispiel 3: Abschließend kann ich nur jedem empfehlen, sich mit dieser bedeutenden Frau noch weiter zu beschäftigen. Vielen Dank für die Aufmerksamkeit.

Aufgabe 1 / Seite 64

Am Anfang gezeigt, zentriert ein Foto das Interesse der Zuhörer und gibt ihnen gleich eine Vorstellung über die Person; in der Mitte kann es die Aufmerksamkeit auffrischen.

Aufgabe 2 / Seite 64

Genannt werden könnten: Folien auf dem Tageslichtschreiber, Plakate, Power-Point-Präsentationen und die Tafelanschrift, die alle den Vorteil haben, dass sie die Aufmerksamkeit der Zuhörer nach vorn, in Richtung des Referenten, lenken, der direkt zeigen bzw. bei der Präsentation über Beamer aufblättern kann, während ein Thesenpapier bzw. Hand-out dazu verführt, zu lesen und nicht mehr zuzuhören. Bilder, die während des Referats herumgegeben werden, oder auch Gegenstände (z.B. der Geldschein aus der Inflationszeit) lenken die Aufmerksamkeit der Zuhörer ab und verwirren sie. Grundsatz: Die Medien sollen veranschaulichen und nicht das Referat, das mündlich vorgetragen wird und die Informationen vermittelt, ersetzen. Das schließt zum Beispiel Power-Point-Vorträge in Textform, die das eigentliche Referat nur abbilden, aus.

Aufgabe 3 / Seite 64 f.

Marie Curie	1867–1934	Entdeckung der radioaktiven Elemente
Lise Meitner	1878–1968	Grundlagenforschung zur Kernspaltung
Gerd Binning	geb. 1947	Entwicklung eines Mikroskops zur Analyse der atomaren Oberfläche
Stephen Hawkins	geb. 1942	Fortführung der Relativitätstheorie: erklärt Anfang und Ende des Universums

Aufgabe 4 / Seite 65

- z. B. Entwurf eines Zeitstrahls
- z. B. zwei Cluster
- z. B. Landkarte mit Zuordnung (z. T. Mehrfachzuordnung wegen Unterschiedlichkeit von Geburtsort und Wirkungsstätte)

Aufgabe 5 / Seite 65

a) 1867 geboren
1898 Entdeckung der radioaktiven Elemente Radium und Polonium
1903 Nobelpreis für Physik
1911 Nobelpreis für Chemie
1934 gestorben

b) siehe folgende Aufgabe. Hier müssen einige Zusatzinformationen eingeholt werden.

Aufgabe 6 / Seite 65

Es müssen einige Zusatzinformationen eingeholt werden, die über die Textausschnitte auf S. 64 hinausgehen.

	Curie	**Meitner**
Geburtsdatum	1867	1878
Nationalität	Polin	Österreicherin
wissenschaftliche Leistung	Entdeckung der radioaktiven Elemente	Grundlagenforschung zur Kernspaltung
Forscherteam	Zusammen mit Pierre Curie. Physiknobelpreis mit Antoine Becquerel	Zusammen mit Otto Hahn und Fritz Straßmann
Auszeichnungen	Nobelpreise für Physik und Chemie	Dreimalige Nominierung für den Physik-Nobelpreis, zahlreiche Ehrungen
Familienstand	verheiratet mit P. Curie	unverheiratet
Sterbejahr	1934	1968

Aufgabe 1 / Seite 66

Durchnummerierte Karten, auf denen Stichworte stehen, relativ groß und gut lesbar am besten in Druckschrift oder mit PC geschrieben, haben sich am besten bewährt. Medien sind in Rot anzumerken.

Aufgabe 2 / Seite 66

Das Referat sollte wenigstens einmal vor Zuhörern in „Echtform“, also mit allen Veranschaulichungen, gehalten werden und dabei sollte die Zeit genommen werden. Gleichwohl kann es immer zu kleinen Zeitabweichungen kommen, z. B. weil man in der Aufregung schneller als gewohnt spricht oder weil die Handhabung der Medien mehr Zeit als erwartet gekostet hat. Deshalb sollte man sich vorab überlegen, wo man evtl. kürzen könnte oder was man noch bringen könnte. Das betrifft vorzugsweise Bilder. Während des Referats sollte die Zeit im Blick behalten werden (Armbanduhr auf den Tisch).

Aufgabe 1 / Seite 67

Bewährt haben sich: fester, freier Stand, ruhige Bewegungen, Hände vor dem Körper, Blickkontakt zu den Zuhörern.

Aufgabe 3 / Seite 67

Siehe nächste Aufgabe

Aufgabe 4 / Seite 67

Bestandteile des „Knigge“ könnten sein: ruhig und aufmerksam den Ausführungen des Referenten folgen, Blickkontakt erwidern, wichtige Informationen und vor allem Fragen notieren. Nach dem Referat: (echte!) Verständnisfragen stellen, um Vertiefungen bitten. Bei der Rückmeldung: zuerst loben, dann erst Verbesserungsvorschläge machen.

Lebenswünsche und Lebenswege im Jugendbuch – eine Textsammlung erstellen

Aufgabe 1 / Seite 68

Das erste, links abgebildete Buch liefert Überblicksinformationen und hilft im Stadium der Themenfindung. Das zweite Buch liefert ergänzende Informationen und Erklärungen, vielleicht ein schönes Zitat für den Referateinstieg oder zur Veranschaulichung. Es ist also hilfreich, wenn man schon Informationen gesammelt hat und bei der Ausformulierung des Referats selbst ist.

Aufgabe 1 / Seite 69

Zur Lösung der Aufgabe vergleiche die Angaben zu ganzen Büchern im Merkkasten, S. 69.

Aufgabe 2 / Seite 69

Zur Lösung der Aufgabe vergleiche die Angaben zu Artikeln im Merkkasten, S. 69.

Aufgabe 1 / Seite 70

Die Quellenangabe wird durch die Seitenangabe ergänzt, auf der das Zitat selbst im Original zu finden ist. Das Anführungszeichen im Zitat wird durch einen Apostroph ersetzt.

Aufgabe 2 / Seite 70 f.

Der Quellennachweis steht in der Anmerkung unten auf der Seite, auf die durch eine hochgestellte Ziffer am Ende des Zitats verwiesen wird. Kürzungen müssen sehr sorgfältig überlegt werden, weil der Text leicht verfälscht, sinnentstellend verändert oder unverständlich werden kann.

Aufgabe 3 / Seite 71

Dies ist die leserfreundlichste Form des Quellennachweises, sie setzt aber voraus, dass die Quellen, meist am Ende des Papers, in einer Literaturliste vollständig nachgewiesen werden.

Aufgabe 4 / Seite 71

Im Internet können Informationen laufend verändert werden, sodass eine Seite entweder anders oder gar nicht mehr vorhanden sein kann, wenn der Leser des Papers die Angaben überprüfen möchte.

Überprüfen und Sichern

Aufgabe 1 / Seite 72

Vorteile des zweiten Textes:
- ausführlichere Informationen, z.B. über seine Kindheit, sein Wirken und über erreichte Auszeichnungen
- mehr Anstöße für weitere Recherchen
- genauere Erläuterungen in den Fußnoten

Nachteile des zweiten Textes:
- kein knapper Überblick
- teilweise physikalisches Hintergrundwissen zum genauen Verständnis nötig

Trotz einiger Nachteile ist der zweite, längere Artikel besser zum Weiterarbeiten an einem Referat geeignet, da er mehr Anstöße für weitergehende Recherchen bietet. Die erste Kurzbiographie kann nur einen ersten Überblick über Pauls Leben geben.

Aufgabe 2 / Seite 73

Präsentation 1	Präsentation 2
☹ zu kleines, kaum erkennbares Foto ☹ zu übertrieben betonte Überschrift ☹ zu kleine Schrift, zudem kursiv → schlechte Lesbarkeit ☹ weiße Schrift auf dunklem Hintergrund → schlechte Lesbarkeit ☹ zu schmale Ränder ☹ Fließtext → keine schnelle Informationsentnahme möglich und keine Notizen erschwert	☺ gute Eingrenzung durch das Folienlayout ☺ deutlich betonte, aber nicht übertriebene Überschrift ☺ guter Überblick über den Aufbau und die Einzelteile des Referats → Zuhörer weiß, was einen erwartet. ☺ Nummerierung ☺ großes, gut erkennbares Foto zur Illustration ☺ schwarze Schrift auf hellem Hintergrund ☺ gut lesbare Schriftgröße

Aufgabe 3 / Seite 74

Probleme	Vorteile
– evtl. technische Probleme (Zeit für Vorbereitung und Aufbau einkalkulieren!) – schlechte Lesbarkeit, wenn nicht auf bestimmte Dinge, wie z. B. Schriftgröße, geachtet wird – mögliche Reizüberflutung und Ablenkung („hereinfliegende“ Buchstaben, zu viele Bilder) – keine Flexibilität (bei inhaltlich eingegrenzten Referaten nicht so wichtig)	– bereits vorbereitet (roter Faden vorhanden) – Gedächtnisstütze für den Referenten – gute grafische Aufbereitung – unkomplizierte Einbindung von Fotos oder sogar Kurzfilmen – gute Lesbarkeit bei geeigneter Schriftgröße (im Vergleich zu Tafelanschriften oder handschriftlichen Overheadfolien)

Aufgabe 4 / Seite 74

Quellen- und Zeilenangaben	Stichpunkte
http://pi.physik.uni-bonn.de/wpaul/wp_bio.php (12.02.2009)	**Wolfgang Paul, Physiker** Kindheit und Jugend: ➢ geb. am 10.08.1913 in Lorenzkirch, Sachsen, gestorben am 7.12.1993 ➢ Abitur in München ➢ Ausbildung zum Feinmechaniker
Z. 24–35, 43	beruflicher Werdegang: ➢ 1932 Beginn des Physikstudiums an der TU München ➢ 1934–1939 Studium und Promotion in Berlin ➢ 1944 Habilitation in Göttingen ➢ 1952 Professor in Bonn ➢ 1981 emeritiert
Z. 35–42	Forschungsarbeit: ➢ Atom- und Molekülphysik ➢ Massenspektrometrie ➢ Elementarteilchenphysik ➢ Errichtung des ersten europäische Elektronensynchrotrons
Z. 50–79	weitere Tätigkeiten und Auszeichnungen: ➢ Präsident der Alexander von Humboldt-Stiftung ➢ 1989 Nobelpreis für die Ionenfalle ➢ diverse Ehrendoktorwürden ➢ Großes Verdienstkreuz ➢ Mitglied vieler Akademien ➢ Vorlesungen an zahlreichen ausländischen Universitäten

Aufgabe 5 / Seite 74

- Wolfgang Paul gilt als Pionier auf dem Gebiet der Teilchenphysik.
  → Pioniertätigkeit in der Teilchenphysik
- Seine weltweite Anerkennung erhielt Prof. Dr. Paul 1989 durch den Nobel-Preis für die Entwicklung der Ionenfallen-Technik.
  → weltweite Anerkennung für Prof. Dr. Paul durch den Nobel-Preis (evtl. für die Entwicklung der Ionenfallen-Technik)
- Er war Vizekanzler des Ordens Pour Le Merite.
  → Ernennung zum Vizekanzler des Ordens Pour Le Merite.
- Prof. Paul war Direktor in drei europäischen Teilchen- und Kernphysik-Labors.
  → Leitung dreier europäischer Physiklabors durch Wolfgang Paul
- Er erhielt das Große Verdienstkreuz mit Stern, die höchste bundesdeutsche Auszeichnung.
  → Auszeichnung mit dem Großen Verdienstkreuz mit Stern, der höchsten bundesdeutschen Auszeichnung
- In seiner Amtszeit als Direktor wurde in Bonn das erste europäische Elektronensynchrotron gebaut. In den Achtzigern wurde eine noch größere Anlage, ELSA, unmittelbar unter den Gebäuden des Physikalischen Instituts errichtet.
  → Bau des ersten europäischen Elektronensynchrotrons und Errichtung von ELSA in den 1980ern
- Wolfgang Paul ist Namenspatron der Wolfgang-Paul-Stiftung, für die er 1991 die Hälfte seines Nobel-Preisgeldes eingebracht hat, um internationale Beziehungen in der Wissenschaft zu fördern.
  → Gründung der Wolfgang-Paul-Stiftung im Jahr 1991 zur Förderung internationaler Beziehungen in der Wissenschaft, Realisierung durch die Hälfte des Nobel-Preisgeldes
- Zudem wurde ein Hörsaal an der Universität in Bonn nach ihm benannt.
  → Benennung eines Hörsaals an der Universität Bonn nach Wolfgang Paul

Aufgabe 6 / Seite 74

- 1989 wurde der Physiker mit dem Nobel-Preis für die Entwicklung der Ionenfallen-Technik ausgezeichnet. Dies ist ein „Verfahren zum Festhalten von Ionen, also elektrisch geladenen Atomen oder Molekülen mit Hilfe elektrischer und magnetischer Felder“[1].
  [1] *http://pi.physik.uni-bonn.de/wpaul/wp_bio.php (12.02.2009)*

- Paul wurden z. B. die „Ehrendoktorwürden der Universitäten Uppsala, Aachen [...] und Canterbury“[1] verliehen.
  [1] *http://pi.physik.uni-bonn.de/wpaul/wp_bio.php (12.02.2009)*

- Wolfgang Paul hielt viele „Ehrenvorlesungen an der Harvard University [...] und der University of Minnesota“[1].
  [1] *http://pi.physik.uni-bonn.de/wpaul/wp_bio.php (12.02.2009)*

- entweder:
  Die Forschungseinrichtung DESY bietet Nachwuchswissenschaftlern die Gelegenheit, „Einzelaufgaben [zu bearbeiten], die sie selbstständig lösen und deren Ergebnisse in das komplexe Forschungsthema mit einfließen“ (DESY, S. 91)
  mit späterer ausführlicher Literaturangabe

oder

  Die Forschungseinrichtung DESY bietet Nachwuchswissenschaftlern die Gelegenheit, „Einzelaufgaben [zu bearbeiten], die sie selbstständig lösen und deren Ergebnisse in das komplexe Forschungsthema mit einfließen“[1].
  [1] *Deutsches Elektronen-Synchroton Desy in der Helmholtz Gemeinschaft (Hg.): Das Supermikroskop Hera – Blick ins Innerste der Materie. Hamburg 2002, S. 91*

- Man will „jener ‚Ursuppe' [auf die Spur kommen], aus der unser Universum wenige millionstel Sekunden nach dem Urknall bestand“ 1.
  [1] *Deutsches Elektronen-Synchroton Desy in der Helmholtz Gemeinschaft (Hg.): Das Supermikroskop Hera – Blick ins Innerste der Materie. Hamburg 2002, S. 86*

Aufgabe 7 / Seite 75

- http://pi.physik.uni-bonn.de/wpaul/wp_bio.php (12.02.2009)
  → Datum vergessen
- Reimund W. Alheid: Speicherung und laserinduzierte Photodissoziation H2+ in einer Paul-Falle. Tectum Verlag (1997)
  → <u>Alheid, Reimund W.</u>: Speicherung und laserinduzierte Photodissoziation H2+ in einer Paul-Falle. <u>Marburg</u>: Tectum Verlag 1997

- In: Deutsche Physikalische Gesellschaft (Hg.): Physikalische Blätter 46, Nr. 7. Paul, Wolfgang: Elektromagnetische Käfige für geladene und neutrale Teilchen, Nobelvortrag von Wolfgang Paul. Weinheim 1990, S. 227–236
  → Paul, Wolfgang: Elektromagnetische Käfige für geladene und neutrale Teilchen, Nobelvortrag von Wolfgang Paul. – In: Deutsche Physikalische Gesellschaft (Hg.): Physikalische Blätter 46, Nr. 7. Weinheim 1990, S. 227-236

- Grehn, Joachim u. a.: Metzler Physik. Hannover: Schroedel Verlag 1998
  → richtig

- Das Supermikroskop Hera (Untertitel: Blick ins Innerste der Materie). Hamburg 2002 – von den Herausgebern Deutsches Elektronen-Synchroton DESY in der Helmholtz Gemeinschaft
  → Deutsches Elektronen-Synchroton DESY in der Helmholtz Gemeinschaft (Hg.): Das Supermikroskop Hera – Blick ins Innerste der Materie. Hamburg 2002

Aufgabe 8 / Seite 75

<u>Einleitung:</u>

- Ich möchte euch heute etwas über Wolfgang Paul erzählen. → Zu knapp und zu direkt
- Dieses Foto zeigt Wolfgang Paul, über dessen Leben und Forschungsarbeit in der Physik ich heute berichten möchte. → gut

- Mein Referat zum Physiker Wolfgang Paul besteht aus folgenden Teilen: erstens Kindheit und Jugend, zweitens sein beruflicher Werdegang, drittens seine Forschungsarbeit. Im letzten Teil werde ich auf Wolfgang Pauls weitere Tätigkeiten und Auszeichnungen eingehen. → in Ordnung, aber schon etwas lang, dennoch guter Überblick über den Aufbau
- Wolfgang Paul war eine bedeutende Persönlichkeit. Er lebte von 1913 bis 1993. → zu unvermittelter Beginn, eigentliche Einleitung fehlt

<u>Schluss:</u>
- Dann bin ich 'mal fertig. → schlechte Abrundung: besser: s. u.
- Gibt's noch Fragen? → besser: Habt ihr noch Fragen zum Thema?
- Wenn ihr keine Fragen mehr habt, bedanke ich mich für eure Aufmerksamkeit. → gute Abrundung
- So, das war's! → schlechte Abrundung, besser: s. o.

Bildschirme, Bytes und Botschaften

Zur Konzeption des Kapitels

Die Schülerinnen und Schüler erkennen im Lesebuchteil, dass der Umgang mit den neuen Medien durchaus „zwiespältig“ sein kann. Neben den vielen Möglichkeiten, die E-Books, Internet oder E-Mail bieten, werden auch Probleme oder gar Gefahren aufgezeigt. Gerade diese Vielschichtigkeit bietet zahlreiche Möglichkeiten, im Rahmen der mündlichen Diskussion wie der schriftlichen Erörterung Argumentation und Argumentationsstrategien einzuüben und zu verfeinern.
Im Lesebuchteil wird in einer Glosse die Euphorie bezüglich der Leistungsfähigkeit von Technik am Beispiel von Übersetzungsprogrammen gedämpft. In den zwei folgenden Sachtexten werden Gefahren (Sucht) und Chancen (berufliche Entwicklungsmöglichkeiten) von Computern aufgezeigt. In einem Gedicht setzt sich Enzensberger aus der Sicht eines Lyrikers mit der Gegenüberstellung von Printmedien und digitalen Medien auseinander.
Im Rahmen der Diskussion und Erörterung gilt es nicht nur, stichhaltige Argumente zu finden. Vielmehr geht es auch darum, diese Argumente sprachlich gelungen vorzubringen. So schließt sich der Bereich „Wort und Stil“ an den eigentlichen „Erörterungsblock“ an und macht sich das Thema „moderne Medien“ zu eigen, weil gerade in diesem technisch begründeten Bereich Fach- und Gruppensprachen immer mehr an Dominanz gewinnen.
Abgerundet wird der Komplex durch einen Abschnitt zum Fernsehen als Informationsquelle, da ähnlich wie beim Medium Internet auch das Fernsehen von vielen Schülerinnen und Schülern als Quelle der Information genutzt (und häufig überschätzt) wird. Wichtig ist hierbei, ein Bewusstsein zu entwickeln, das versucht, hinter jede noch so objektiv wirkende Information zu sehen. Davon ausgehend bieten sich im sich anschließenden Projekt Möglichkeiten über die Qualität von Fernsehsendungen und Nachrichten zu reflektieren sowie handlungsorientiert anhand aktueller Bezüge die Vielschichtigkeit dieses Themas aufzuarbeiten.

Lösungen zu den Aufgaben der Lesetexte

0 Axel Hacke, Ohne Titel (S. 77)

Aufgabe 1

Der englische Text lautet folgendermaßen:
In the beginning God created the heaven and the earth. And the earth was without form, and void; and darkness was upon the face of the deep. And the spirit of God moved upon the face of the waters.
Dies erklärt etwa die Übersetzung für „upon the face of the deep“ – „nach dem Gesicht vom tiefen“ (Z. 10).

Aufgabe 2

Der Kontext wird beim Programm nicht berücksichtigt, so dass die Maschine letztlich nur Vorschläge machen kann, die oftmals nicht passen.

1 Ina Hönicke, Wenn das Internet zur Droge wird (S. 78)

Aufgabe

Sämtliche Einkünfte werden geopfert, der feste Wohnsitz wird aufgegeben, es kommt zum Diebstahl (Z. 1–8).

2 Joachim Feldmann, Die Fachinformatikerin (S. 78)

Aufgabe 1

- geeigneter Ausbildungsplatz; Beruf mit Zukunft (Z. 16 f.)

Aufgabe 2

- Auffassungsgabe und Lernfähigkeit (Z. 10)
- Teamfähigkeit, selbstständiges Problemlösen (Z. 19 f.)

3 Hans Magnus Enzensberger, Altes Medium (S. 79)

Aufgabe 1

Der Bezug zum „Bleistiftstummel" (Z. 24) macht deutlich, dass es um Bücher geht.

Aufgabe 2

Definition „virtual reality": Als Virtuelle Realität (VR) wird eine vom Computer simulierte Wirklichkeit bezeichnet, genauer: die Darstellung und gleichzeitige Wahrnehmung der Wirklichkeit und ihrer physikalischen Eigenschaften in einer in Echtzeit computergenerierten interaktiven virtuellen Umgebung. Gedichte sind letztlich eine „virtuelle Umgebung" in Abgrenzung zur Wirklichkeit, weil sie auch ein Modell von Wirklichkeit aufbauen.

Aufgabe 3

Das lyrische Ich, hier wohl gleichzusetzen mit dem Autor, entschuldigt sich in der ersten Strophe, dass er sich für die „Zumutung" (Z. 9) des anstrengenden Lesens von einfachen Buchstaben auf Papier stark macht. In der letzten Strophe entschuldigt er sich dafür, dass er damit den Mediennutzern „zu nahe" (Z. 28) tritt, also sie gleichsam behelligt. Im Gegensatz zu „Manche lernen es nie" macht er ironisch deutlich, dass die Selbstverständlichkeit des Lesens und Schreibens nach traditionellem Muster bei einigen dauerhaft erhalten bleibt, obgleich die Medienkultur dazu führt, dass die Masse diese einfachen Kulturtechniken verlernt.

Aufgabe 4

- Das Thema ließe sich gut diskutieren, da der Text auf dem E-Book dem Text im Buch prinzipiell gleicht, zwar digital gespeichert, aber nicht „audiovisuell" und „in Farbe" (Z. 10f.) ist. Der Autor bezieht sich in seiner Kritik wohl eher auf multimediale Darbietungsformen, die anders als das traditionelle Buch rezipiert werden. Beim E-Book dagegen ist die Rezeptionsform grundsätzlich gleich.
- Individuelle Beantwortung
- Diese Frage ist nur scheinbar einfach zu beantworten. Mit zunehmender Display-Qualität werden auch lange Texte ohne Ermüdung der Augen lesbar sein. Schon triftiger ist die Frage, ob eine Textsorte zum schnellen Verbrauch gedacht ist.

Aufgabe 5

Da der E-Book-Markt durch Verbilligung der Hardware immer breiter wird, können auch leicht echte Werbetexte gefunden und untersucht werden.

Lösungen zu den Aufgaben im Sprachbuchteil

Diskutieren

Aufgabe 2 / Seite 81

Bei der Diskussion sind verschiedene Regeln zu beachten, ohne die ein sinnvolles Gespräch kaum möglich ist. Neben einer sinnvollen Sitzordnung sollte jeder Teilnehmer die Möglichkeit erhalten, zu Wort zu kommen. Wichtig ist hier auch, dass die Meinung des Gegenübers respektiert wird und man im Gespräch aufeinander eingeht.

Aufgabe 3 / Seite 82

Entscheidend ist der Bezug zur Aussage „doof". Bei den Spielen gibt es zunächst zwei Kategorien, die zu unterscheiden sind:
a) die technische Qualität der Spiele (zweitrangig)
b) die Anforderungen, die an die Spieler gestellt werden
Hierbei wird deutlich, dass etwa die zuletzt genannten Denk- und Rollenspiele hohe Anforderungen an das logische Denken oder das strategische Handeln erfordern, während reine Ballerspiele (Actionspiel) an den Intellekt keine Ansprüche haben. Als drittes Kriterium kommt die inhaltliche Qualität der Spiele dazu, also z. B. das Welt- und Menschenbild, das sie transportieren, und die Verhaltensweisen, die sie begünstigen. In diesem Sinne können Ballerspiele umgangssprachlich als „doof" im Sinne von ablehnenswert eingestuft werden.

Aufgabe 4 / Seite 84

In diesem Fall hängt der Verlauf von der Klasse ab. Es empfiehlt sich aber – wenn möglich – die

Diskussion mit einer Videokamera aufzunehmen, um in einer der folgenden Stunden eine genaue Analyse durchführen zu können.

Schriftliches Erörtern

Aufgabe 1 / Seite 85

Entscheidend ist, dass die einzelnen Elemente der Aufgabe erkannt werden. Vor allem müssen die Begriffe klar sein. Beispiel: „overnewsed, but underinformed“ heißt eben nicht „überneuert, aber unterinformiert“ (O-Ton eines Schülers). Beispiel: Was sind „E-books“? (Definition nach Wikipedia: „E-Books sind mehr als digital gespeicherte Medien. Sie verbinden die inhaltliche Ähnlichkeit zum Buch mit den Vorteilen der digitalen Speicherung (Suchfunktion u. ä.)“.

Aufgabe 2 / Seite 85

Recherche-Quellen können in diesem Fall natürlich Internet, aber auch Fachzeitschriften oder Gespräche mit Fachlehrkräften sein.

Aufgabe 1 / Seite 88

Abhängig vom Bundesland kann es dazu kommen, dass bestimmte Fächer in der 9. Jahrgangsstufe nicht unterrichtet werden (Beispiel Erdkunde). Somit fallen auch weitere Stichworte aus dem Cluster heraus (Projekt „Afrika“ eines Gymnasiums in München/Entwicklungshilfebericht der Vereinten Nationen). Prinzipiell kann die Ordnung der Stoffsammlung nach Fächern erfolgen (was für die Schüler auf den ersten Blick nahe liegend erscheint). Eine andere Anordnung ist nach inhaltlichen Schwerpunkten denkbar: So eignet sich eine Hausaufgabenhilfe mit „hot potatoes“ sicherlich in den Fremdsprachen besser als in Sport oder Informatik, da einzelne Aspekte (Grammatik, Vokabeln ...) hier besser geübt werden können.

Aufgabe 2 / Seite 89

Vgl. Kopiervorlage „Einsatzfähigkeit des Internets in verschiedenen Unterrichtsfächern“ (Schülerlösung!), S. 45

Aufgabe 3 / Seite 89

Die Aufgabenstellung könnte folgendermaßen lauten: „Nimm Stellung zu der Aussage, das Internet sei nicht für jedes Schulfach in gleicher Weise geeignet.“

Aufgabe 4 / Seite 90

„Was spricht für ein Verbot von Killerspielen?“ / „Was spricht für, was gegen ein Verbot von Killerspielen?“
„Erörtere Gefahren und Probleme eines übermäßigen Fernsehkonsums“./ „Erörtere Gründe für und wider eine Einschränkung des Fernsehkonsums bei Jugendlichen“.
„Zeige den Zusammenhang von Freizeitverhalten und Fettleibigkeit auf“. / „Nimm Stellung zu der Aussage, das Freizeitverhalten habe Auswirkungen auf die Fettleibigkeit“.

Aufgabe 5 / Seite 90

Die Umsetzung des Dezimalsystems wurde hier am Beispiel der Aufgabenstellung „Vor- und Nachteile des E-Books“ durchgeführt (vgl. Kopiervorlage S. 46)

Aufgabe 6 / Seite 90

Man will die Gegenseite entkräften und die eigene Position als besonders überzeugend darstellen. Deshalb beginnt man mit dem stärksten Argument der Gegenseite, da im folgenden Verlauf durch viele schwächere relativiert wird. Die eigene Stellungnahme dagegen wird durch Steigerung zu einem Höhepunkt geführt, der dann als letztes Argument geradezu zwingend zu einer bestimmten Schlussfolgerung zu führen scheint.

Aufgabe 7 / Seite 90

Mehrere Lösungen sind möglich, die diskutiert werden können. Eine Möglichkeit:

A: Allgegenwart des Laptops statt Papier und Stift

B: Welche Vor- und Nachteile hat das Schreiben mit Stift und Papier?
- I. Vorteile des Schreibens mit Stift und Papier
  1. Einfache Handhabung
     a) Handschrift einfacher als Tastaturbenutzung
     b) Möglichkeit spontaner Skizzen
  2. Leichte Verfügbarkeit
     a) Unabhängigkeit von Druckern
     b) Unabhängigkeit von Energiequellen
     c) Leichte Erhältlichkeit
  3. Robustheit gegen Sand und Temperaturen
  4. Ausdruck von Persönlichkeit
- II. Nachteile des Schreibens mit Stift und Papier
  1. Geringe Robustheit gegen Wind
  2. Abhängigkeit von Lichtquelle im Dunkeln
  3. Probleme der Archivierbarkeit
     a) Platzprobleme
     b) Ordnungsprobleme
  4. Schwierige Revidierbarkeit des Geschriebenen
     a) Zeitaufwand
     b) Qualitätsdefizite
  5. Sauberkeit des Schriftbilds
     a) Geringe Übersichtlichkeit
     b) Schlechte Lesbarkeit

C: Der Siegeszug des Laptops: kein Wunder!

Aufgabe 8 / Seite 91

Entweder Nominalstil:
- Beschleunigung des Lebens
- Nachteile bei geringer technischer Begabung
- Kosten

Oder Verbalstil:
- Man wird vom Funktionieren der Technik abhängig.

Aufgabe 9 / Seite 91

Vgl. Kopiervorlage „Vor- und Nachteile von Laptops im Unterricht“ S. 48

Aufgabe 1 / Seite 92

Nicht nur aufgrund des Umfangs erscheint Text D am überzeugendsten:
Text A: persönliche (nicht verallgemeinernde) Situation
Text B: Deutlich besser, vor allem aber im Schlussteil noch zu wenig reflektiert (Problematik der Suchmaschinen wird nicht deutlich)
Text C: „Das weiß doch jeder“ erscheint wenig hilfreich (vgl. Text A)
Text D: Sinnvoller Aufbau durch logische Verknüpfung und stichhaltige Absicherung (Untersuchung)

Aufgabe 2 / Seite 92

In Text A und C fehlen die 3B, in Text B fehlt das Beispiel/der Beleg an konkreten Fall.

Aufgabe 3 / Seite 93

A: phrasenhaft („Wo kämen wir denn hin?“), stark verallgemeinernd („stundenlang“) und scheinwissenschaftlich („logisch“)
B: subjektiv und emotional
C: differenziert und schlüssig
D: Undifferenzierte Tatsachenbehauptung („Das ist nun mal so!“) ohne Begründung.

Aufgabe 4 / Seite 93/94

1b, 2e, 3a, 4c, 5d

Aufgabe 5 / Seite 94

Weitere Informationen sind bei folgenden Verfahren notwendig:
- Hinweis auf Autorität (Wo und wann wurde die Aussage geäußert?)

– überprüfbare Beweise (Bücher, Aufsätze, Internet, ...)
Daneben kann es problematisch werden im Bereich der „allgemeingültige Normen“ (Problem der Kulturkreise!)

Aufgabe 6/7 / Seite 94

Bei Wikipedia findet sich hierzu folgender Artikel „Vor- und Nachteile der E-Mail-Technik“, der auch als Grundlage für einen Aufsatz dienen kann (vgl. Zusatzmaterial S. 43).

Aufgabe 1 / Seite 95

Folgende Probleme werden benannt:
- fehlender Wille der Lehrkraft, das Gerät einzusetzen (Z. 23 f.)
- hohe Kosten (Z. 26 f.)
- hoher Aufwand für Unterrichtsstunde (Z. 37 f.)
- lange Phasen, um Rechner zu starten (Z. 39 f.)
- hohes Ablenkungspotenzial (Z. 43)

Aufgabe 2 / Seite 96

Vgl. Kopiervorlage „Vor- und Nachteile von Laptops im Unterricht“ S. 48

Aufgabe 3 / Seite 96

- zu vermeiden sind unsachliche Vorwürfe, etwa: „Da haben Schulleitung und Elternbeirat mal wieder nicht nachgedacht. Das kommt ja häufiger vor!“ (Z. 9 f.)
- die sachliche Argumente sollten steigernd dargeboten werden (gewichtiges Argument ist etwa das Problem der Finanzierung, das sehr früh genannt wird)
- konkrete Gegenvorschläge müssen plausibel sein (Computer in Bibliothek ist für Arbeiten mit einer Klasse nicht geeignet, da in diesem Raum Ruhe herrschen muss)

Aufgabe 5 / Seite 96

Entscheidend wird hier die Erkenntnis sein, dass man die Probleme und die Lösungen in der Gliederung strikt trennen kann (erst alle Probleme, dann Lösungen). Dies erscheint dann sinnvoll, wenn etwa eine Lösung mehrere Probleme beseitigt (Beispiel: fehlender Wille der Lehrkraft, das Gerät einzusetzen, sowie hoher Aufwand für Unterrichtsstunde wird durch Erstellung eines Materialpools gelöst).
Sinnvoller erscheint aber insgesamt die enge Anbindung von Problem und Lösung. Im Zweifelsfall muss man dann zwar auf bereits genannte Lösungen zurückgreifen. Dies kann aber sprachlich gelöst werden („Wie bereits bei dem Problem ... erläutert, kann auch hier ...“).

Aufgabe 1 / Seite 97

Funktion: Verknüpfung, logische Anbindung, Orientierung im Text.

Aufgabe 2 / Seite 97

a) aber nicht nur ... sondern; b) ferner; c) noch beliebter als; d) aber auch; e) weit übertroffen; f) nicht übersehen werden darf; g) ein weiteres; h) abschließend; i) unter diesen Umständen;

Aufgabe 3 / Seite 97

- steigernd: ... mehr noch ... am meisten, besser ... am besten ...; häufiger ... am häufigsten ... etc.
- entgegenstellend: einerseits ... andererseits; zwar ... aber; im Gegensatz dazu ...
- einschränkend: gleichwohl ...; jedoch ....; generell ... im Einzelfall
- aneinanderreihend: erstens ... zweitens ...; zunächst ... sodann ... schließlich

Weitere Beispiele: siehe die Liste der „Gelenkstellen“ auf S. 137

Aufgabe 1 / Seite 98

1d; 2c; 3a; 4b

Aufgabe 2 / Seite 98

Ziel sollte sein, das Schülerinnen und Schüler erkennen, wie wichtig eine sinnvolle (und über einen Satz hinaus gehende) Einleitung ist!

Aufgabe1 / Seite 99

- Erfassen des Themas/Stoffsammlung und -ordnung: Ungenaue Erfassung des Themas (der Glie-

derungsstruktur, der Begriffe), zu einseitige Sammlung, Sammlung von Einzelfällen, falsche Über- und Unterordnungsverhältnisse, Doppelungen
- Gliederung: keine stimmige Steigerung bzw. Abschwächung, uneinheitliche Formulierung, falsche Über- und Unterordnungsverhältnisse, Nummerierungsfehler
- Argumentation: Subjektivität, fehlende Begründungen, fehlende Überleitungen
- Einleitung und Schluss: Einleitung nimmt schon Teile des Hauptteils vorweg. Einleitung führt nicht auf das Thema hin, Schluss bringt ein neues Argument, Schluss widerspricht der Logik der Gliederung.

Wort und Stil – mehr als die Suche nach dem „schlagenden Argument"

Aufgabe 1 / Seite 100

Den Jugendlichen soll bewusst werden, dass Sprache nicht eindeutig ist und der Kontext immer auch für den Inhalt von Bedeutung ist. Weitere Beispiele könnten Begriffe sein wie „cool" oder „geil".

Aufgabe 2 / Seite 100

Das Auto brennt. Ich brenne vor Sehnsucht. Ich brenne eine DVD.

Aufgabe 3 / Seite 100

Das Auffällige bei der Übersetzung ist, dass es in der Fremdsprache unterschiedliche Begriffe gibt bzw. eine der beiden Bedeutungen nicht abgedeckt wird durch die Übersetzung.

Aufgabe 5 / Seite 100

„Adolf" ist als Vorname Hitlers negativ konnotiert, weil er an die Gräuelherrschaft dieses Diktators erinnert. In Schweden ist der Name nicht geschichtlich negativ konnotiert.

Aufgabe 6 / Seite 100

Da Konnotationen kulturell und individuell bedingt sind, sind folgenden Vorschläge eher als Diskussionsbasis gedacht:
- Nicht stark konnotiert: Wohnung, Beruf, Pferd, Geld, Auto, Kies (in der wörtlichen Bedeutung), Cousin, Zimmer
- Konnotationen:
  - Karosse: Altertümlichkeit, Behäbigkeit, Pomp
  - Klamotten: Lässigkeit, Schäbigkeit
  - Hütte: je nach Kontext sehr unterschiedliche Konnotationen: Gemütlichkeit, Ärmlichkeit
  - Kies (als umgangssprachlicher Ausdruck für Geld): unseriöses Milieu
  - Gaul: Ärmlichkeit
  - Gemahl/Gattin: Förmlichkeit
  - Job: Lässigkeit, Jugendlichkeit, Kurzzeitigkeit, mangelnde innere Beteiligung

Aufgabe 7 / Seite 100

Aus Gründen der Aktualität und um Schleichwerbung zu vermeiden, werden hier keine Beispiele genannt.

Aufgabe 1 / Seite 101

Gruppensprache bedeutet immer auch (gewollte) Abgrenzung. Letztlich begibt sich der Lehrer hier in einen Bereich, zu dem ihm der Zutritt „verboten" ist.

Aufgabe 2 / Seite 101

Die Entwicklung einer eigenen Computersprache hat den Grund, dass sich aufgrund der Besonderheiten im technischen Bereich verschiedene Abläufe oder Sachverhalte nur sehr umständlich hätten wiedergeben lassen können. So hat man sich bekannter Begriffe bedient und diese in einer eigenen Sprache mit einer neuen (oder zumindest abgewandelten) Bedeutung versehen.

Aufgabe 3 / Seite 102

Gründe können etwa darin liegen, dass Begriffe nicht mehr gebraucht werden, weil die Technik sich verändert („Waschzuber"), weil Gegenstände oder Verhaltensweisen aus dem Alltag verschwinden („Telefonwählscheibe"), weil die Begriffe politisch nicht mehr korrekt erscheinen („Neger") oder weil Trendbegriffe oder Moden nicht mehr „in" bzw. aktuell sind („Petticoat").

Aufgabe 4 / Seite 102

In Frankreich wird stärker darauf geachtet, dass fremde Wörter „frankonisiert" werden. Dennoch scheint aber auch hier in den letzten Jahren im alltäglichen Sprachduktus eine stärkere Anglisierung erkennbar zu sein.

Aufgabe 5 / Seite 102

„Internetuser" kann als fachsprachlicher Ausdruck gelten, die anderen Ausdrücke dürften sich auf eher spezielle Gruppen beschränken.

Aufgabe 6 / Seite 102

Fachsprache dient der Präzision, Sachlichkeit und allgemeinen Verständlichkeit: alles Gütemerkmale einer Erörterung.

Aufgabe 7 / Seite 102f.

Jugendsprache: eigene Wörter/Ausdrücke „sone Alte", „aufm Schlauch", „Macker", „absolut Null", „Lustprodukte"...

Aufgabe 8 / Seite 103

Macker – Partner, Ehemann
soziale Kisten – soziale Versorgung
Abgedankten – verstorbener Partner
Lustprodukte – Kinder
Besonderheiten: abfällige Sprache, Wörter ausgelassen

Aufgabe 9 / Seite 103

Es geht hier um die Bewertung von Stil. Dabei muss man unterschieden:

- Wird ein Stil bloß deshalb abgelehnt, weil man selbst einer anderen Gruppe angehört?
- Wird er deshalb abgelehnt, weil in ihm ein menschenverachtendes Denken zum Ausdruck kommt.
- Gibt es eine gesellschaftliche Norm für „guten" Stil, der z. B. nicht umgangssprachlich geprägt ist?

Das könnt man an diesem Beispiel diskutieren.

Aufgabe 10 / Seite 103

Gegen die grammatische Richtigkeit verstoßen:

- unvollständige Sätze
- unvollständige Wörter
- Formulierungen wie „war absolut Null mit".

Fernsehen – eine Informationsquelle

Aufgabe 1 / Seite 104

Monitor: Einsatz für Benachteiligte
Report: Überraschungseffekt
Fakt: Tipps für Verbraucher

Aufgabe 3 / Seite 105

- Der Verf. sieht sich vom TV-Team getäuscht, das vorgegeben hatte, objektiv zu berichten. (Z. 10f., Z. 55)
- Der Beitrag war von einer negativen Grundtendenz gekennzeichnet. (Z. 22)
- Wichtige Informationen werden weggelassen. (Z. 28)
- Ein Sammlerporträt wurde auf 2 Minuten verkürzt und ein nicht repräsentativer Einzelfall dargestellt. (Z. 38)
- Negative Ereignisse wurden unzulässig in Zusammenhang mit Waffen gebracht. (Z. 45 ff.)
- Eine Behauptung wurde nicht bewiesen. (Z. 49)

Aufgabe 4 / Seite 105

Von den auf S. 104 genannten Magazinen dürfte „Hart aber fair" wohl am ehesten den Anspruch erfüllen.

Überprüfen und Sichern

Aufgabe 3 / Seite 109

Befürchtung: Untergang des Buches → Buch als schützenswertes Gut

Argumente für das Buch:

- Grundbedürfnis nach dem Austausch von Erfahrungen und Erkenntnis: „evolutionärer Endpunkt in der Entwicklung kultureller Vermittlungstechnik", Wissensspeicher, haptisches Erlebnis, Fantasie
- solides und krisenfestes Geschäft
- Beständigkeit

Argumente gegen das E-Book:

- drohender kostenloser Tauschhandel im Internet durch die Digitalisierung von Inhalten
- Einbuße von Arbeitsplätzen durch finanzielle Verluste und durch schnelleren und günstigeren Vertrieb
- technische Probleme: Akku, Betriebssystem

Aufgabe 4 / Seite 109

- Anwerbung neuer, eventuell jüngerer Leser durch die Modernisierung und Revolutionierung des „verstaubten" Buches
- Zusatzfunktionen: z. B. Verbesserung der Arbeitsmöglichkeiten: Anmerkungen, Notizen, Markierungen, mögliche Folge: Revolutionierung des Schulbuchmarktes: alle Schulbücher auf einem E-Book
- Gewichts- und Platzersparnis
- einfachere Beschaffung per Download aus dem Internet (Absicherung möglich, vergleiche Musikbranche)
- Kosteneinsparung durch den wegfallenden Postweg und die Druckkosten

Aufgabe 5 / Seite 109

A: Umfrage zum E-Book

B: Durchsetzung des E-Books gegenüber dem herkömmlichen Buch?

I. Pro-Argumente
   1. Platz- und Gewichtsersparnis
      a) im Vergleich zu vielen schweren Schulbüchern
      b) im Urlaubskoffer
   2. Vielfalt von möglichen Zusatzfunktionen
      a) Randbemerkungen
      b) Weiterarbeiten mit Texten
   3. Aufbau von Medienkompetenz
      a) im technischen Umgang mit dem E-Book
      b) im sinnvollen Einsatz des Mediums

II. Contra-Argumente
   1. Technische Probleme
      a) Betriebssystem
      b) Ladekabel und Akku
   2. Tauschhandel im Internet
      a) mit leichterem Austausch als Konsequenz
      b) mit finanziellen Einbußen als Folge
   3. Buch als Kulturgut
      a) durch Ansprechen unterschiedlicher Sinne
      b) durch eine lange Tradition als Wissensspeicher

C: E-Book als Alternative neben dem weiterhin bestehenden Printmedium

Aufgabe 6 / Seite 109

Einleitungen:

Lange schon sind die Zeiten vorbei, als Gutenberg den Buchdruck erfand – ein Verfahren, das heute kaum noch einer kennt. Und schon steht der nächste Schritt in Richtung Technisierung bevor – das E-Book.

unausgewogene Themafrage am Ende der Einleitung

Die ganze Welt wird im Laufe der Zeit ständig modernisiert und erneuert. Diese Veränderungen, vor allem im technischen Bereich, kosten oftmals vielen Arbeitern den Arbeitsplatz, da Roboter schneller und qualitativ besser sind. Eine solche Digitalisierung kann man jetzt auch in der Bücherbranche entdecken, da das E-Book die Rolle des „normalen" Buches einnehmen wird. Ist eine solche Veränderung überhaupt nötig?

- Verwendung falscher Begrifflichkeiten: Digitalisierung ≠ Technisierung
- statt „wird": „könnte", da dies noch nicht absehbar ist
- Falsche Formulierung der Themafrage. Sie trifft nicht die gestellte Aufgabe

Hauptteil:

Der wohl gewichtigste Nachteil der elektronischen Form eines Buches ist die damit verbundene Kapitalisierung der Buchbranche.

Dies ist schon lange passiert: Hörbücher, Fanartikel jeglicher Art, Videos, ...
fehlende Beispiele bzw. Belege

Bei einem E-Book sind viele Zusatzfunktionen nutzbar, die die Arbeit mit Texten erleichtern. Dazu gehört z. B., dass man sehr viele Texte auf dieses elektronische Medium speichern kann. So spart man viel Platz und muss keine schweren Bücher schleppen.

- unpassende Beispiele
- Ausdrucksfehler / -unsicherheiten: umgangssprachlicher Ausdruck „schleppen", Wortwiederholung „Text"

Schluss:

Viel mehr, denke ich, sollte man Werbung für Bücher machen, auch Hörspielfassungen, Filme oder Fernsehauftritte. Insbesondere Fernsehauftritte von Autoren in bekannten und beliebten Sendungen wären eine Lösung, wie z. B. bei „TV Total" oder „Wetten dass ...?", die über 100.000 Zuschauer haben. So könnte der Bücherboom wieder richtig aufblühen und gegen das E-Book ankämpfen. Denn dieses E-Book haben wir über hunderte von Jahren nicht gebraucht, wieso denn jetzt, es gibt doch eh Kinos, Computer und vieles mehr. Und ist es nicht am schönsten, am Abend vor dem Kamin oder draußen beim Sonnenuntergang zu sitzen und ein spannendes oder romantisches Buch durchzublättern?

- passiert teils, z. B. bei „Wetten dass ...?", Stefan Raab aber total ungeeignet für derartiges
- Polemik: Nur weil man etwas lange nicht brauchte, ist es nicht unbedingt schlecht
- umgangssprachliche Ausdrücke: „eh"
- teils schlechte Satzverknüpfungen, z. B. beim zweiten Satz

Aufgabe 7 / Seite 109

Trotz den schönen Gewohnheiten des Buches lautet die Prognose, ...	Trotz der schönen ...
Es kann sein, dass das elektronische Buch öfter geupdated werden muss.	upgedatet
Vor dem Kauf eines E-Books, sollte man sich jedoch fragen, worin seine Vor- und Nachteile liegen?	kein Komma Satzzeichen: . statt ?
Die bestmöglichste Lösung ist ...	bestmögliche
Meine persöhnliche Meinung ist ...	persönliche
Des weiteren möchte ich im folgenden anführen ...	Des Weiteren ... im Folgenden

Zusatzmaterial

Passend zum Kapitelthema finden Sie folgende Texte als Kopiervorlagen ab S. 38 in diesem Band und als Datei auf der beiliegenden CD-ROM.

www.siehabenpost.de
aus: Weyh. Kleine Philosophie der Passionen. Internet. München 2001. S. 93

Aufgaben

1. Erkläre in eigenen Worten, wie die E-Mails in diesem Fall vom Verfasser zum Adressaten kamen.
2. Fasse kurz zusammen, aus welchen Gründen der Verfasser des Textes ein Telefonat der E-mail vorzieht.
3. Nimm Stellung zu dem Satz: „E-Mail fördert die schnelle Antwort zuungunsten der richtigen".
4. Diskutiert in eurer Klasse, welche Vorteile E-Mails dagegen im Gegensatz zu einem Telefonat haben können.
5. Überlegt, welche Gründe es geben könnte, dass man, auch wenn man die Möglichkeit, E-mails zu verschicken, dennoch immer noch lieber handschriftlich einen Brief verfasst.

Das dicke Ende
aus: Möller/Plassmann. Verfluchter Computer. München 1998. o. S.

Aufgaben

1. Stelle dar, welche Probleme Wolbert zu meistern hat.
2. Zeige, weshalb Wolbert seinen Computer so sehr liebt.
3. Überlege, weshalb es strafbar ist, sich in ein fremdes Unternehmen „einzuloggen", obwohl man doch ständig vom worldwideweb spricht.

Nur für Mädchen
aus: SZ Jugendmagazin vom 13.11.2000

Ohne Titel
Aus: Axel Hacke. Das Beste aus meinem Leben. München. 2003. o. S.

Dr. Usus rettet das Universum
aus: Harald Parigger. Dr. Usus rettet das Universum. Hamburg 2000. o. S.

Vor- und Nachteile der E-Mail-Technik
aus: www.wikipedia.de (vom 13.03.2007) Stichwort E-Mail

Kopiervorlage

www.siehabenpost.de

Anfang der neunziger Jahre erhielt mein bester Freund ein New-York-Stipendium. Nicht, dass ich wirklich neidisch gewesen wäre (ich bewege ungern meinen Körper, wo der Geist viel leichter Hürden überwindet), aber wie das Leben so spielt, erwies sich die Trennung als Lackmustest für unsere Freundschaft. Das Stipendium erlaubte ihm keine großen Sprünge, Telefonate in die Heimat blieben die Ausnahme und mussten die zurückgelassene Freundin besänftigen. So knirschte es kräftig im Gebälk unserer Beziehung. Selbst Luftpostbriefe brauchten zwischen vier und zehn Tagen je Richtung, keine Chance für einen schnellen Gedankenwechsel, geschweige denn einen Schlagabtausch. Fatalerweise zeichnete sich ein solcher ab, denn der Freund - von Haus aus Maler - hatte in New York zu schreiben begonnen, wovon ich ihn abzuhalten versuchte. Schon unter normalen Bedingungen hätte das Verwerfungen hervorgebracht, mit einem Ozean dazwischen wurde die Situation nicht einfacher.

Mittlerweile war ich allerdings Mitglied bei Compuserve, dem ältesten kommerziellen Netzwerk der Welt, was sich vor allem an der binär leicht darstellbaren E-Mail-Adresse ablesen ließ: 100744.1411 @compuserve.com. Getrennten Seelen bot die Firma einen genialen Mischpostdienst an: Man konnte an jede Niederlassung der Welt E-Mails schicken, die dort ausgedruckt und mit der regionalen Post weiterbefördert wurden. Das kostete einen Bruchteil der Luftpostgebühren und verkürzte die Brieflaufzeit auf zwei bis drei Tage. Selbstredend unterhielt das Unternehmen einen Vorposten in New York, und nach kurzem Zögern entschloss ich mich, die Deutschkenntnisse des dortigen Büropersonals als so niedrig einzuschätzen, dass ich mir keinerlei Einschränkungen auferlegen müsste.

Während ich also den Freund in kurzen Abständen mit heftig aufwallenden Briefen traktierte, blieb ihm nur die wöchentliche Zusammenfassung, da er keinen Zugang zum Netzwerk besaß (sonst hätten wir uns gleich mailen können). Irgendwann ließ es sich nicht mehr verleugnen, dass mich die technische Überlegenheit weder dem Sieg noch einem Frieden näherbrachte, und so griff ich doch zum Telefon. Mühsam knüpften wir die zerrissenen Fäden wieder aneinander, doch dauerte es lange, bis alle Wunden verheilt waren. Keiner von uns erkannte, was ich erst Jahre später in einem Internet-Ratgeber als Konfliktauslöser entdeckte: „E-Mail fördert die schnelle Antwort zuungunsten der richtigen."

Exakt das war mir passiert, obwohl ich nicht einmal auf E-Mails, sondern nur auf ganz gewöhnliche Briefe reagiert hatte. Einerlei - meine Möglichkeit zur prompten Reaktion verstärkte den schwärzesten Charakterzug, mit dem ich mich seit Kindertagen abplage. Wird man auch nur vom Hauch eines cholerischen Temperaments gestreift, verleiten einen E-Mails zu geschossartigen, unreflektierten Antworten. „Aber", höre ich den Einwand, „beim Telefonieren rutscht einem viel schneller etwas heraus, und trotzdem kommt es fast nie zur Katastrophe!" Sobald wir einen Hörer in die Hand nehmen, betreten wir auch einen sozialen Raum, dessen Regeln uns vertraut sind. Die Schwelle für Rüpeleien liegt hoch, weil das Zittern in unserer Stimme erkennen lässt, wie sehr wir an der Auseinandersetzung leiden, mögen wir auch noch so laut poltern. Solche Rückkoppelungen entfallen bei E-Mails und spiegeln uns eine Stärke vor, die wir in Wirklichkeit nicht besitzen. Ohne mit der Wimper zu zucken, testen wir alle Höflichkeits- und Schmerzgrenzen bei der Gegenseite aus. Wer beim „Schiffe versenken" zögert, verliert das Spiel! Leider sind die Schiffe bemannt.

Kopiervorlage

Das dicke Ende

Wolbert war zweimal gestraft. Einmal, weil ihn seine Eltern mit einem außergewöhnlichen Vornamen bedacht hatten, zum zweiten war er ausgesprochen korpulent, man konnte ihn auch, ohne etwas Falsches zu sagen, als dick bezeichnen. Wolbert ging bereits seit 14 Jahren durch alle nur vorstellbaren Höllen – so alt war er nämlich.
Die Schulkameraden hänselten ihn, und sein Vater hielt ihn ununterbrochen an, sich durchzusetzen. Wolbert hasste seinen Vater dafür. Nach ihrem Umzug aus Berlin in eine mitteldeutsche Kleinstadt wurde alles noch viel schlimmer.
Während des berufsbedingten Ortswechsels seines Vaters ereilte Wolbert ein weiterer Schicksalsschlag. Sein Schwesterchen Annegret erblickte das Licht der Welt. Inmitten von Umzugskartons und Kisten begann das kleine Bündel mit Kreischen und Schreien seine Anwesenheit in der Familie Wuttke zu manifestieren. Wolbert wurde mit seiner kleinen Schwester nie richtig warm, bemerkte er doch schon sehr bald, wie Mutter Wuttke ihre Zuneigung dem kleinem Würmchen schenkte und darüber den dicken Jungen vergaß.
In seiner neuen Schule gab es einige Lehrer, die sich einen richtigen Spaß daraus machten, ihn ununterbrochen an die Tafel zu komplimentieren. Was dann kam, war immer dasselbe: Die Klasse fing an zu grienen, und manche seiner sogenannten Klassenkameraden hänselten ihn.
Wolbert lernte trotz seiner Leibesfülle und seiner Schüchternheit ein nettes Mädchen mit Namen Friederike kennen. Sie kam aus Wolberts Nachbarklasse, und mit ihr verband ihn die Leidenschaft am Computern. Friederike, selbst ein Pummelchen, half Wolbert sehr. Sie war in ihrer Art genauso wie Wolberts große Leidenschaft, sein Computer. Niemals hänselte dieser ihn, und in aller Regel machte er immer das, was er von ihm verlangte.
Viele Stunden, Tage und Jahre hatte sich Wolbert schon mit seinem Computer beschäftigt und kannte dessen technische Innereien in- und auswendig. Trotz seiner 15 Jahre verfügte er bereits über das Computerwissen eines Universitätsprofessors. Die meisten Lehrer an seiner Schule indes konnten sein Wissen nicht einschätzen, da sie sich nicht für Computer interessierten. Manchmal saß Wolbert auch zu Hause an seinem Rechner und weinte. Vieles konnte er nicht mehr ertragen, und sein dickes Fell hatte Risse und Flecken, Scharten und Löcher an allen Ecken und Enden. Friederike war oft bei Wolbert zu Hause und arbeitete mit ihm am Computer. Sie arbeiteten nicht nur, sie spielten und tauschten interessante und witzige Programme aus.
„Friederike, schau mal!" Friederike saß in Wolberts Zimmer auf der Couch und nippte genüsslich an einem Energiedrink. „Ich hab den Code von Star Systems geknackt!" „Bist du verrückt!" Friederike blickte erschreckt auf den Monitor und sah, wie die Einlogmeldung von Star Systems aufschien und Wolbert als Mitarbeiter identifiziert hatte. „Du kannst dafür ins Gefängnis kommen!", rief Friederike zu ihm herüber. „Dann nehm' ich wenigstens ab" , antwortete Wolbert mürrisch.

„Das glaub' ich nicht", entgegnete Friederike. „Erstens hast du überhaupt keine Bewegung mehr, und deinen Computer darfst du sicher auch nicht mitnehmen. Dann isst du nur noch mehr, und ich kann dich nicht mehr so oft besuchen!"
„Wo du recht hast, hast du recht!" Wolbert schnappte sich einen Schokoriegel und löschte seinen Zugang zu Star Systems.

Quelle: Möller/Plassmann. Verfluchter Computer. München 1998. o. S.

Kopiervorlage

Nur für Mädchen

Du willst einen neuen Rechner. Zum Mailen, Surfen, Schreiben. Am liebsten hättest du den alten behalten, leider ist er kaputt oder nicht mit dem neuen Modem kompatibel. Am schönsten wäre es, der neue Computer stünde – Simsalabim – auf dem Schreibtisch. Weil das nicht geht, wählst du die zweit einfachste Variante: Du rufst deinen Freund oder besten Kumpel an. Zwei Tage später geht ihr in ein Fachgeschäft. Dein Freund hat die langweiligste Zeitschrift dabei, die du je gesehen hast. Darin: Tabellen von Rechnern. Preislisten. Er liest, nein, er arbeitet. Es macht ihm Spaß.
Deshalb hast du ihn mitgenommen. Dein Vater würde sich vom Verkäufer hoffnungslos unter den Tisch reden lassen, hilflos nicken und soviel Geld ausgeben, dass es dir peinlich wäre. Dein Freund dagegen beginnt, mit dem Verkäufer um Prozessoren und Grafikkarten zu ringen.
Momentan steht es 3:1 für den Verkäufer: Du schaust derweil im Laden umher und siehst einen Bildschirm, hellgrau-dunkelgrau, ein kleiner Apfel vorne drauf. Hübsch. Kurz musst du an deinen alten Rechner denken, dessen Word-Version an deinem Geburtstag lizensiert wurde.
Dann sagt dein Freund: „Ich habe dir was zusammengestellt." Wir haben die beste Lösung für Ihre Bedürfnisse gefunden", sagt der Verkäufer. Sie halten dir eine ausgedruckte Tabelle hin. „Ich will keinen PC", sagst du, und schaust die Äpfel an. „.Aber mit dem kannst du ...viel schneller... das Preis-Leistungs-Verhältnis ..." Du musst jetzt Geduld haben, ein bisschen stur sein. Dann sagst du: „.Ich nehme den da". Und zeigst auf das hellgrau-dunkelgraue Modell. Du kaufst und bist glücklich. Ein Werber würde von einer emotionalen Kaufentscheidung sprechen. Unsinn. Die Anforderungen an deinen Computer sind: mailen, surfen, schreiben, ein bisschen spielen, drucken. Das kann dein neuer. Und wenn du mal nicht hinschaust, wird dein Freund versuchen, dein Word-Programm mit dem richtigen Datum zu versehen.

Jenny Friedrich-Freksa

Quelle unbekannt

Kopiervorlage

Ohne Titel

Folgendes habe ich im Internet entdeckt: Man gibt bei Google das Suchwort Bible ein, also das englische Wort für Bibel. Dann kommen etliche englischsprachige Seiten mit dem kompletten Bibeltext. Daneben steht: „Diese Seite automatisch übersetzen." Anklicken. Darauf beginnt der Bibeltext: „Im anfangengott stellte den Himmel und die Masse her. Und die Masse war ohne Form und Lücke; und Schwärzung war nach dem Gesicht vom tiefen. Und der Geist Gottes bewog nach dem Gesicht des Wassers."
Ich frage: In welche Sprache hat man die Bibel da übersetzt? Antwort: die Sprache der Maschinen. Da ein Automat die Bibel übersetzt hat, hat er sie in die Maschinensprache übersetzt, wohin sonst? Die Robotersprache. Wahrscheinlich ist es ja mit den Robotern weiter, als wir denken. Wahrscheinlich gibt es längst Roboter, die aussehen wie Menschen. Wahrscheinlich stehen in Amerika Hallen voller Roboter, die in der Bibel lesen und in Flugplänen, weil sie zu uns kommen wollen, nach München. Sie geben Munich Tourist Information als Suchwort bei Google ein und kommen so zu einem englischsprachigen Reiseführer im Internet. Den lassen sie automatisch übersetzen. Ich habe das getan und fand über meine Stadt die Sätze: „Münchenisn?t bloß der Schauplatz für das Oktoberfest aber eine hypermodern Ausstellungs- und hightechstadt, außer Sein ein Fußballkapitalohne weniger als drei Vereine, die im Bundesliga, das deutsche Äquivalent des englischen Premier League spielen." Und: „Dieser Führer liefert Spitzen und Vorschläge, jeder entdecken lassend? ihr eigenes München ? Gelegenheiten für Ihr Haar unten lassen oder entspannen einfach sich sind Legion, denn dieser Platz hat viele Aspekte: chic, leicht und jovial bis das, exuberant, vibrant und überhaupt neu zum anderen. Andererseits romantisch, tranquil, bewußt Tradition und Direktübertragung vom März der Zeit." Direktübertragung vom März der Zeit ...Poesie, wie Maschinenmenschen sie lieben! Auch ich kann mich dem eigenartigen Reiz des Roboterdeutschs nicht entziehen, wenn ich lese, was die Fremden hier tun wollen: „... eine gebratene Wurst von einem Stall auf dem Viktualienmarkt oder möglicherweise einem Pint vom besten beim Englischer Garten genießen, wenn der Kleinhesseloher See in der Nachtluft funkelt und die Vögel, die im Aufsatz Schwabinger nisten, in ihren abschließenden Flug des Tages ausstoßen, fast schwärzend aus dem Himmel und nehmen schlendern durch das Englischer Garten, in dem der Schlag der afrikanischen Trommeln, der Tone der brasilianischen Sambacombos und der rhymings der deutschen rappers alle im Farbton der copses der hohen Bäume intermingle." Zweifelt wer, dass es sich um einen Roboter-Reiseführer handelt? Es gibt verräterische Formulierungen: „Geben sich einen Kurzschluss schlendern entlang Wiener Würstchen Platz hin?" Oder: „Unser Kurzschluss schlendern anfängt im japanischen Teehaus ..." Oder: „Insbesondere an den Tagen, wenn der Wind Föhn durchbrennt ..." So geht das immerzu.
Selbst nach Haidhausen wollen sie kommen, Konzerte im Gasteig hören: „?Gasteig? ist eine Konzentration von zwei bayerischen Wörtern: und?Steig? .Mittel durchtränken?Steig? bedeutet Straße. Im mittleren Alter würden Keuchenrinder und -esel schwer-beladene Karren herauf diese steile Steigung .Keuchenrinder!"
Auch den seltsamen Mooshammer besuchen sie, man liest, in seinem Geschäft gebe es „München-Artkleidung für Spülmaschinen und Millionaires, aber genau diese wird den Böhmen sowie Fernsehapparatsterne getragen."
Sie wissen über uns, „daß Bavarians durstiger als überhaupt sind". Sie lernen unseren Dialekt mit einem Minilexikon. Es übersetzt „Obstla" mit „Fruchtvorbereitung". Im Lexikon stehen auch seltsame Grußformeln wie „Griass Gott" und, ähm, „Würfel Ehre". Würfel Ehre? Ich sah nach: Da stand „Habe die Ehre", aber weil „die" im Englischen der Würfel ist, hat der Automat es für ein englisches Wort gehalten und mitübersetzt, ins Roboterdeutsche.
Falls jemand demnächst auf mich zutritt und „Würfel Ehre" sagt, weiß ich Bescheid. Ich antworte „Griass Gott" und lade ihn auf eine Fruchtvorbereitung ins Wirtshaus ein. Und noch eine. Und noch eine. Ich möchte einfach zu gern hören, wie sie reden, wenn sie besoffen sind.

Kopiervorlage

Dr. Usus rettet das Universum

In einem Projekt schrieben mehr als 140 Schülergruppen aus ganz Bayern gemeinsam mit dem bekannten Jugendbuchautor Harald Parigger unter dem Titel „Dr. Usus rettet das Universum“ einen Roman, bei dem die vielfältigen Möglichkeiten des Internets als Kommunikationsmedium des ausgehenden 20. und beginnenden 21. Jahrhunderts gezielt eingesetzt wurden.

Der Jugendbuchautor gab den Erzählkern in mehreren Etappen vor, wobei er zur Ausgangssituation jeweils auch das Ende der jeweiligen Etappe in wenigen Sätzen umriss. Aufgabe der teilnehmenden Schülergruppen war es, die Probleme des Dr. Usus und seiner Freunde literarisch, mit Hilfe ihrer Phantasie und unter Nutzung des Internets, zu bewältigen, das heißt die Geschichte weiterzuschreiben und dabei auch mit Hilfe der Informationsmöglichkeiten, die das Internet bietet, Rätsel zu lösen, die im Verlauf der Geschichte eingestreut wurden. Welche „Lösungen“ dann eine Runde weiterkamen, wurde durch die teilnehmenden Gruppen entschieden – ebenso wie die Landessieger.

Dr. Usus, ein zerstreuter Lehrer, und vier seiner Schüler versuchen auf einer abenteuerlichen Reise durch die Vergangenheit eine Katastrophe in der Zukunft zu verhindern. Ihnen bietet sich die Möglichkeit dazu an mehreren Stationen, die im alten Rom, im mittelalterlichen Würzburg, im München der Jahrhundertwende und in der Zukunft angesiedelt sind. Ziel ist es, durch kleine Eingriffe in ihren Ablauf den historischen Entwicklungen eine solche Wendung zu geben, dass die zu befürchtenden schlimmen Folgen für die ganze menschliche Zivilisation nicht eintreten können.

Im Folgenden findet ihr einen Romanauszug, in dem sich die Gruppe um Dr. Usus gerade im alten Rom befindet:

Und Mercedes schaltete den Laptop ein. Es dauerte einige endlose Sekunden bis der Laptop funktionierte und irgendeine Reaktion zeigte. Er piepste kurz und die Verbindung wurde langsam hergestellt. Ein kurzes Aufatmen ging durch die Runde, die sich um den Laptop gebildet hatte. Alle fünf warteten angespannt auf Mercedes. Sie musste erst kurz überlegen, bevor sie etwas eingab. Während sie die passenden Suchbegriffe eintippte, bemerkte niemand, dass sich der Bildhauer Valerius Ruber langsam ins Haus zurückzog. Er hatte den Laptop gesehen und gehört. Da er solche Geräte nicht kannte oder je von ihnen gehört hatte, wurde er misstrauisch. Als er zurückkam hatte er sich mit einem Speer bewaffnet. Auch der Türhüter ist wieder aufgetaucht und stand nur wenige Meter hinter seinem Herren, ebenfalls mit einem Speer in der Hand. Inzwischen waren Mercedes, Dr. Usus und die anderen damit beschäftigt den Namen der Statue herauszufinden. Sie mussten sich sehr beeilen, da die Internetverbindung immer schlechter wurde. Der Laptop piepste immer schneller, es hörte sich an wie ein Countdown, der bald zu Ende sein wird. Das Bild brach ständig zusammen und wurde nur noch langsam aufgebaut. „Die Batterien werden schwächer! Der Stromverbrauch steigt rasend schnell! Hoffentlich schaffen wir es noch“, erklärte Mercedes. Sie zitterte und versuchte hastig die passenden Informationen zu finden. Schließlich hatten sie das Ziel erreicht. Auf dem Bildschirm war die Statue zu sehen die Dr. Usus kürzlich im Museum betrachtet hatte. Daneben stand der Name „Apollon“. „Du bist die Größte'“ Bizeps drückte Mercedes erleichtert an sich. Alle waren glücklich diese Hürde geschafft zu haben. Der Laptop hörte schlagartig auf zu piepsen. Der Bildschirm blieb schwarz. „Mensch, das war ganz schön knapp. Aber den Namen haben wir Apollon“, freute sich Rembrandt. „Ja das war es! Die Verbindung ist zusammengebrochen, die Batterien sind leer. Und hier werden wir wohl kaum Neue kaufen können“, vermutete Mercedes. Sie klappte den Laptop zusammen und wollte ihn gerade wieder in den Koffer stecken, als plötzlich eine laute, aufgeregte und etwas ängstliche Stimme „Quid est?“ rief. Dr. Usus drehte sich um und erstarrte. Sein Gesicht wurde bleich, fast schon richtig weiß. Auch die vier Schüler schauten nun in Richtung des Hauses. Rosi schrie auf. Der Bildhauer bedrohte Dr. Usus mit dem Speer. Er hielt ihm die Waffe direkt an den Hals. Der Türhüter ist einige Schritte weiter nach vorne getreten, um seinen Herren zu schützen. Wütend redete Valerius Ruber weiter auf Dr. Usus und die anderen ein. „Dr. Usus!“ zischte Rembrandt. „Übersetzen Sie doch! Was sagt er?“ „Er will wissen, was das ist ein Laptop. Er hält ihn für gefährlich, er hat so etwas noch nie gesehen.“ Dr. Usus übersetzte weiter: „Wer seid ihr? Wo kommt Ihr her? Von einem anderen Land? Wo habt Ihr dieses Ding her? So etwas gibt es gar nicht! Ihr seid doch mit den Dämonen im Bunde.“ „Das ist ein Laptop, ein tragbarer Computer, aus ihm kann man verschiedene Informationen bekommen. Er weiß fast alles“, erklärte Mercedes. „Ein Laptop ist ein transportabler Computer, der häufig auch netzunabhängig ist“, antwortete Rembrandt fachmännisch. Die Definition hatte er sich natürlich vom Unterricht gemerkt. Valerius Huber wollte den Laptop in seine Gewalt bekommen und überlegte, wie er das am geschicktesten anstellen könnte.

Kopiervorlage

Vor- und Nachteile der E-Mail-Technik

Das E-Mail-System besitzt einige Vor- und Nachteile, die im Folgenden aufgeführt sind.

Authentizität und Schutz des Inhaltes

Die meisten E-Mail-Nachrichten werden im Klartext verschickt, können also prinzipiell auf jedem Rechner, den die Nachricht auf ihrem Weg vom Absender zum Empfänger passiert, gelesen werden. Zieht man eine Analogie zur Briefpost, ist eine E-Mail daher eher mit einer Postkarte vergleichbar als mit einem durch einen Umschlag vor neugierigen Blicken geschützten Brief.

Ebenfalls ähnlich wie bei einem Brief oder einer Postkarte und genauso einfach lassen sich E-Mails mit einer falschen Absenderadresse verschicken, was zum Beispiel bei Spam (UCE/UBE) oft zu beobachten ist. Empfangsadresse, CC- und BCC-Adressen lassen sich gleichermaßen fälschen (address spoofing).

Die Lösung für diese beiden Probleme ist Verschlüsselung und Absenderauthentifizierung. Hierzu existieren (unter anderem) die Verfahren PGP und dessen freie Variante GnuPG, sowie S/MIME (vorwiegend im B2B-Bereich), die jedoch noch nicht besonders weit verbreitet sind. Selbst solche Verschlüsselungsverfahren decken lediglich den Inhalt der E-Mail ab, nicht die Betreff-Zeile oder das E-Mail-Datum. Dadurch können unter Umständen Rückschlüsse auf den Inhalt einer verschlüsselten Mail gezogen werden.

Veröffentlichung von E-Mails im Netz

Das Landgericht Köln hat entschieden (Aktenzeichen: 28 O 178/06): „Geheimnisschutz gilt auch für E-Mails“. Im Heise-Newsticker lesen wir dazu etwa die Überschrift „Fremde E-Mails dürfen nicht im Web veröffentlicht werden“ (im Usenet auch nicht!). Das Berlin Blawg der Kanzlei Sewoma ist da schon exakter: „LG Köln: E-Mail ist ein verschlossener Brief“.

Die Sachlage scheint zunächst einfach: Darf man die private Post einer anderen Person veröffentlichen, wenn diese das so nicht gewollt hat? Und: Was ist eigentlich „private“ Post? Jemand hat „vertrauliche Mails“ auf seiner Website publiziert. Das darf er nicht – genauso, wie es verboten ist, Briefe, Postkarten, also auch E-Mails privater Natur einfach online zu stellen. Der Grund: Das widerspräche unter Umständen dem allgemeinen Persönlichkeitsrecht.

Allerdings fährt Heise mit den einschränkenden Wort fort „Soweit für den Empfänger einer Mail klar ersichtlich ist, dass diese nicht an ihn gerichtet ist, darf der Inhalt nicht auf der eigenen Website publiziert werden.“ Über den Fall, dass der bestimmungsgemäße Empfänger einer E-Mail diese veröffentlicht, sagt das Urteil nichts aus. Unklar ist auch, wie die Veröffentlichung von Spam zu werten ist, der an zufällige Kombinationen aus E-Mail-Adresse und Name gerichtet ist.

Beweiskraft

E-Mails haben wenig Beweiskraft, da der Sender bei den herkömmlichen Protokollen und Log-Mechanismen keine Möglichkeit hat, zu beweisen, wann er was an wen versendet hat und ob der Empfänger die E-Mail erhalten hat oder ob sie tatsächlich abgesendet wurde.[1]

Durch eine elektronische Signatur und vor allem durch eine qualifizierte elektronische Signatur können allerdings im Rechtsverkehr (Zivilrecht, Verwaltungsrecht) Verbindlichkeiten geschaffen werden, die auch vor Gericht Bestand haben. Umgangssprachlich wird dann von einer „digitalen Unterschrift“ gesprochen. Das verbindliche Setzen eines Zeitstempels wird unter bestimmten Voraussetzungen ebenfalls anerkannt. Näheres wird im Signaturgesetz geregelt. Den Empfang der Nachricht kann eine Signatur allerdings nicht beweisen, hierzu ist beispielsweise eine – idealerweise ebenfalls signierte – Antwort notwendig. Einige Dienstleister bieten Lösungen an, die Signatur, Verschlüsselung und Antwort automatisieren (zum Beispiel E-Mail-Frachtdienst genannt).

Laufzeit

E-Mail wurde, anders als zum Beispiel Telefon oder IRC, nicht für zeitgleiches (synchrones) Senden und Empfangen entwickelt, sondern ist wie Briefpost oder Fax ein asynchrones Kommunikationsmedium – der Sender kann seine Nachricht auch senden, wenn der Empfänger sie nicht sofort entgegennehmen kann.

Die Laufzeit der E-Mail kann ein Problem darstellen, da sie – anders als zum Beispiel beim Telefax – nicht vorhersehbar ist und unter ungünstigen Voraussetzungen stark schwanken kann. Die Schwankungen der Laufzeit werden durch eine Vielzahl von Parametern beeinflusst, vor allem durch die Auslastung der beteiligten Mailsysteme sowie der für E-Mail bereitstehenden Übertragungskapazität der die Mailsysteme verbindenden Leitungen. Ist der Mailserver des Empfängers länger nicht erreichbar, oder die Mail wird nur in großen Zeitabständen auf den Server des Empfängers übertragen, kann es durchaus zu Laufzeiten von einigen Tagen kommen.

Absenderauthentifizierung

Im Jahre 2004 gab es verschiedene Versuche, das Spam-Problem in den Griff zu bekommen. Dabei konkurrierten die Verfahren Sender ID von Microsoft, Sender Policy Framework (SPF), DomainKeys von Yahoo!, RMX und AMTP um die Gunst der Umsetzung. Eine IETF-Arbeitsgruppe versuchte, einen Standard zu definieren. Die Funktionsweise ist dabei bei allen Verfahren ähnlich. Durch einen Zusatzeintrag im DNS sollte es möglich sein, den sendenden Mailserver zu verifizieren. Die IETF-Arbeitsgruppe scheiterte aber letztendlich an ungeklärten Patentansprüchen von Seiten Microsofts. Die verschiedenen Verfahren sollen nun in eigenen Verfahren als RFCs umgesetzt werden.

Dokumentation

Anders als beim Telefonat erhalten Absender und Empfänger von E-Mails automatisch eine schriftliche Dokumentation über den kommunizierten Inhalt. Diese kann im benutzten E-Mail-Programm oder in einem Archivsystem aufbewahrt und später zur Rekapitulation heran gezogen werden.

Qualität der Kommunikationsinhalte

Gegenüber den spontanen Aussagen während eines Telefongespräches bietet die schriftliche Formulierung die Chance, die zu übermittelnden Inhalte besser zu durchdenken und zu strukturieren. Ebenso verringert sich die Gefahr einer unbedachten und im Nachhinein bereuten Aussage.

Kopiervorlage

Gliederung
Einsatzfähigkeit des Internets in verschiedenen Unterrichtsfächern

Aufgabe 2 / Seite 89

A: Der Einsatz des Internet im Unterricht wird von Lehrkräften als nicht durchweg sinnvoll angesehen.

B: Das Internet ist nicht für jedes Schulfach der 9. Jahrgangsstufe gleichermaßen nützlich.

I. Das Internet bietet nur begrenzt Informationsmöglichkeiten.

1. Nicht für alle Fachbereiche und Fragestellungen bietet das Internet entsprechende Seiten.

2. Widersprüche auf verschiedenen Seiten des Internets führen zu einer Überforderung der Schülerinnen und Schüler.

3. Aufgrund der fehlenden Fachstruktur im Internet erfordert die Suche nach speziellen Seiten in manchen Fächern einen sehr hohen Zeitaufwand.

II. Das Internet ergänzt nur begrenzt die Anforderungen verschiedener Fächer.

1. Für praktische Übungen oder Aufgaben ist das Internet nicht geeignet.

2. Aufgrund fehlender Erklärungen können auch theoretische Übungen nur bedingt genutzt werden.

3. Die individuellen Planungen innerhalb einer Schule oder Klasse können durch allgemeine Informationen im Internet nicht berücksichtigt werden.

C: Das Internet erscheint von Fach zu Fach „unterschiedlich geeignet“.

Kopiervorlage

Gliederung zu „Vor- und Nachteile des E-Books“

Aufgabe 5 / Seite 90

1. Deutliche Zunahme beim Verkauf sog. „E-Books“.

2. Vor- und Nachteile von E-Books?

    2.1. Die Vorteile der E-Books

        2.1.1 besondere Eignung für Nachschlagewerke

        2.1.2 Möglichkeit der Markierung von Textstellen

        2.1.3 zunehmende Vereinfachung der Handhabung

        2.1.4 Speicherung riesiger Textmengen

    2.2 Nachteile von E-Books

        2.2.1 unpraktischer Kauf bei Ladung aus Internet

        2.2.2 gewöhnungsbedürftiger Lesevorgang

        2.2.3 wenig ansprechende Buchgestaltung

        2.2.4 fehlendes sinnliches Erlebnis beim Lesen

        2.2.5 Probleme beim Verschenken (Buchtitel kodiert)

        2.2.6 Hoher Preis

3. Zunahme an verkauften E-Books kein Maßstab für die Sinnhaftigkeit der Nutzung

Kopiervorlage

Gliederung
„Vor- und Nachteile vom Schreiben mit Stift und Papier“

Aufgabe 7 / Seite 90

A: Allgegenwart des Laptops statt Papier und Stift

B: Welche Vor- und Nachteile hat das Schreiben mit Stift und Papier?

I. Vorteile des Schreibens mit Stift und Papier

1. Einfache Handhabung
   a) Handschrift einfacher als Tastaturbenutzung
   b) Möglichkeit spontaner Skizzen

2. Leichte Verfügbarkeit
   a) Unabhängigkeit von Druckern
   b) Unabhängigkeit von Energiequellen
   c) Leichte Erhältlichkeit
3. Robustheit gegen Sand und Temperaturen

4. Ausdruck von Persönlichkeit

II. Nachteile des Schreibens mit Stift und Papier

1. Geringe Robustheit gegen Wind

2. Abhängigkeit von Lichtquelle im Dunkeln

3. Probleme der Archivierbarkeit
   a) Platzprobleme
   b) Ordnungsprobleme

4. Schwierige Revidierbarkeit des Geschriebenen
   a) Zeitaufwand
   b) Qualitätsdefizite

5. Sauberkeit des Schriftbilds
   a) Geringe Übersichtlichkeit
   b) Schlechte Lesbarkeit

C: Der Siegeszug des Laptops: kein Wunder!

Kopiervorlage

Gliederung zu „Vor- und Nachteile von Laptops im Unterricht"

Aufgabe 2 / Seite 96

A: Zeitungsbericht über Laptop-Klasse in Nachbarschule

B: Was spricht gegen, was spricht für den Einsatz von Laptops im Unterricht?

I. Contra-Argumente
   1. Technische und organisatorische Probleme
      a) durch die Anfälligkeit der Technik im Schulhaus
      b) durch mögliche Defekte, Datenverluste, Wartung
      c) durch die finanziellen Vorgaben
      d) durch die notwendigen Raumwechsel im Rahmen des Fachunterrichts

   2. Pädagogische und fachliche Probleme
      a) Schreibgeschwindigkeit ganz unterschiedlich
      b) wenig hilfreiche Unterstützung durch Hilfsprogramme
      c) Gefahr der Ablenkung durch unterrichtsfremde Programme

II. Pro-Argumente
   1. Aufbau einer hohen Medienkompetenz
      a) im technischen Umgang mit dem Laptop
      b) im sinnvollen Einsatz des Mediums
      c) in der Nutzung des Wissensspeichers auf dem Gerät

   2. Erwerb von Schlüsselqualifikationen
      a) als Grundlage für zahlreiche schulische Aktivitäten
      b) als Voraussetzung für spätere berufliche Tätigkeiten

   3. Erfüllung der Lehrplanvorgaben
      a) durch den Einsatz in Informatik
      b) durch den medienpädagogischen Einsatz im üblichen Fachunterricht

   4. Erleichterung der schulischen Arbeit
      a) bei der Gestaltung von Formen der Präsentation
      b) beim Zugriff auf Internet- oder Lernplattformen

   5. erhöhter „Praxisbezug"
      a) bei der Überarbeitung von Texten
      b) bei der Archivierung von Wissen

C: Zeitungsbericht mit nur einer (wenn auch wichtiger Seite) der Medaille

Tierbilder – Sprachbilder

Zur Konzeption des Kapitels

In diesem Kapitel geht es thematisch um die Verortung des Menschen angesichts der Tierwelt. Im Lesebuchteil, teilweise auch im Sprachbuchteil sind überwiegend Texte zusammengestellt, in denen die Grenzen zwischen Mensch und Tier verwischen. Tiere erscheinen als Spiegelbild, als Gegenüber, als Gegensatz.
In den Gedichten von Domin und Eichendorff, aber auch in einigen Gedichten aus dem Sprachbuchteil (Domin, C. F. Meyer, Riedl) sind Vögel bzw. ihre metaphorische Gestalt Anlass für lyrische Produktion, auch für eine Selbstbefragung des lyrischen Ichs.
Mit dem Ausschnitt aus E. T. A. Hoffmanns „Lebensansichten des Katers Murr" liegt ein kanonischer Text der deutschen Romantik vor. Der Aufbau des Werkes, die fragmentarische Kreisler-Biografie, deren romantische Elemente können hier nicht behandelt werden. Aus dem vorliegenden Auszug wäre allerdings der satirische Gehalt des Romans durchaus zu erschließen.
Christian Morgensterns Text „Das Vermächtnis" spielt mit typischen Zuschreibungen von menschlichen Eigenschaften an bestimmte Tiere, kehrt diese Zuschreibungen aber satirisch um.
Im Sprachbuchteil werden einige bisher erworbene Kenntnisse über die Gedichtanalyse wiederholt. Ziel des Sprachbuchteils ist die Kompetenz, ein Gedicht anhand von formalen Kriterien zu analysieren. Außerdem wird eine intensive Beschäftigung mit der Metapher initiiert; dem dient auch das Projekt am Ende des Sprachbuchteils. Die Dialektgedichte sind weitere Belege für die Bedeutung der sprachlichen Form für das Textverständnis. Parodie, Satire und Groteske ergänzen – passend zur Textauswahl im Lesebuchteil – dieses Kapitel.
Im Handbuch ist eine Reihe von Gedichten, die auf unterschiedliche Art das Motiv „Tier" behandeln, versammelt. Einige sind mit Aufgaben versehen. Aufgenommen sind auch zwei Gedichte der Romantik, die sich mit dem Thema Tier – bzw. Raubtier – auf ganz andere Art beschäftigen als die modernen Texte.

Lösungen zu den Aufgaben der Lesetexte

0 Hilde Domin, Das Gefieder der Sprache (S. 111)

Aufgabe 1

Man kann z. B. mit Worten sich in andere Zeiten und Räume träumen oder fantastische Welten schaffen.

Aufgabe 2

Worte sind Zauberstäbe/fliegende Teppiche/Lichtstrahler/Bausteine ... oder negativ: Waffen, Blitze, Nebelkerzen ...

1 Joseph von Eichendorff, Anklänge 1 (S. 112)

Aufgabe 1

Augen, Gehör, Gefühl sind angesprochen. Die Gleichzeitigkeit (*„Lüfte blau"*) führt zur Synästhesie in Zeile 7 f.

Aufgabe 2

Die beiden ersten Strophen sind von Sehnsucht geprägt, deutlich durch den Konjunktiv (Vers 3) und das *„Ach!"* zu Beginn der 2. Strophe. Während in der ersten Strophe die Vereinigung mit der Natur oder die Entgrenzung des Ichs noch unerreichbar scheint, werden durch den Gesang der Vögel in der 2. Strophe – es sind als rhetorisch zu empfindende Fragen – Möglichkeiten eröffnet. Die Natur *„spricht"* zu dem lyrischen Ich. Das zweite *„Ach!"* in der letzten Zeile bedeutet nicht mehr Sehnsucht, sondern Bedenkenlosigkeit.

2 E. T. A. Hoffmann, Lebensansichten des Katers Murr (S. 112)

Der Textausschnitt stammt aus dem 1. Buch, 1. Band *„Gefühle des Daseins / Die Monate der Jugend"*. Er illustriert einen Abschnitt aus dem in der Vorrede gepriesenen Bildungsgang.

Aufgabe 1

Die Vorrede ist geprägt von Eitelkeit und Arroganz. Die Forderung, nicht nur bewundert, sondern sogar *„ein wenig"* angebetet zu werden, ist eine klare Übertreibung, durch die die versteckte Eitelkeit von gängiger Memoirenliteratur entlarvt wird. Die letzten Worte – *„scharfe Krallen"* – verweisen zwar auf das Kätzische; abgesehen davon erscheint der Verfasser der Vorrede aber als durchaus menschlich – wenn auch in satirischer Übertreibung.

Aufgabe 2

Wichtige Textstellen sind: Z. 29 ff, Z. 41 f und Z. 47 ff. Der Kater verhält sich – scheinbar unbeobachtet – wie ein in seine Gedanken versunkener Schriftsteller, ahmt dessen Gebärden übertrieben nach; er ist zufrieden mit seinem Tun, stolz auf sein Werk – also auch hier nicht ohne Eitelkeit. Ertappt weicht er der Situation aus; er schließt die Augen, um sich nicht stellen zu müssen, und spielt erfolgreich den Schlafenden. Zum Schluss täuscht er den Meister nicht mehr aus Angst, sondern zielgerichtet und planvoll.

Aufgabe 3

Die erstaunliche Gelassenheit des Meisters angesichts der doch unglaublichen Entdeckung des Professors müsste die Schülerinnen und Schülern zur Stellungnahme herausfordern. Nichts mehr als *„Erstaunen"* (Z. 29, Z. 35) rufen die Ereignisse in ihm hervor.

3 Christian Morgenstern, Das Vermächtnis (S. 114)

Aufgabe 1

Als Beispiel: Der Löwe erscheint kampfbereit, das Lamm mitleidig – das Schaf aber einfältig, der Tiger blutrünstig, der Pfau eitel. Es gibt eine Fülle von weiteren Möglichkeiten, z.B. gilt die Gans als dumm (oder aggressiv-wachsam), die Hyäne als feige, hinterhältig und gefährlich, die Schlange als listig. Diese gewöhnlichen Zuschreibungen könnten durch eigene Zuschreibungen der Schülerinnen und Schüler ergänzt werden.

Aufgabe 2

Der Satz macht deutlich, dass *„der Mensch"* mit der den Tieren zugeschriebenen Eigenschaften behaftet sein wird und also ist.

Aufgabe 3

Da der Erzähler überwiegend negative Eigenschaften aufzählt, dürfte sein Menschenbild eher pessimistisch sein.

Über Sprache nachdenken

Erste Aufgabe:
Haustier – Wildtier: Hund, Katze, Wellensittich – Löwe, Wolf, Adler. Problem: Einige Haustiere gibt es auch als Wildvariante.
Schädling – Nützling: Problem: kann nur bezogen auf eine Situation beantwortet werden.
Kleintier – Großtier: Hamster, Schildkröte, Frosch – Pferd, Kuh, Problem: Wann beginnt „Größe"? Anhaltspunkt: Arbeitsfeld einer Kleintierpraxis!
Säugetier – ?: Pferd, Kuh, Schwein – Vogel, Schlange, Fisch. Problem: Es gibt keinen Oberbegriff für alle Tiere, die ihre Jungen nicht säugen.
Zweite Aufgabe:
Antwort ist abhängig vom verwendeten Buch.
Dritte Aufgabe:
führt in einen Fachdiskurs.

Lösungen zu den Aufgaben im Sprachbuchteil

Analyse von Gedichten

Aufgabe 1 / Seite 118

Satzbau: Zwei Ellipsen, reihender Stil, Partizip Präsens statt Prädikat. Siehe auch Aufgabe 4.
Zeileneinteilung: ein bis drei Wörter pro Zeile, pro Zeile ein optischer Eindruck/ein Gedanke.

Aufgabe 3 / Seite 118

Fettgedruckt sind Wiederholungen, Gleichklänge und Alliterationen. Sie definieren die dreimalige Möwe und gliedern den Text. Die erste – wirkliche – Möwe ist knapp dargestellt als *„in der Luft“* befindlich. Der Gleichklang mit *„Brust an Brust“* führt zur *„Wassermöwe“*, beider Erscheinung ist auf die beiden Farben *„weiß“* und *„silber“* reduziert; der Wechsel in der Wiederholung ahmt den Flügelschlag nach. Die *„Schattenmöwe“* ist nachgeordnet nicht nur durch Zeile 10 (*„ihnen folgend“*), sondern auch durch das wiederholte und durch *„immer“* verstärkte *„grau“*. Die Alliterationen in den letzten Zeilen vermitteln – trotz des Temporalsatzes – eine Art Sicherheit, zumal der Fluss *„sanft“* fließt.

Aufgabe 4 / Seite 118

Während im ersten Satz ggf. wiederholt das Verb „fliegen“ zu ergänzen wäre, fehlt dem zweiten Satz der Hauptsatz. Wirkung: rätselhaft, eher unverbundene Aussagen als feststehende Tatsachenbeschreibung: bleibt in der Schwebe wie die dargestellten Vögel.

Aufgabe 6 / Seite 118

Während für Domins einstrophiges Gedicht weder Versmaß noch Reimschema festgestellt werden können, ist das zweistrophige Gedicht von C. F. Meyer im fünfhebigen Trochäus verfasst. Das Reimschema ist in den Versen 1 bis 4 sowie in der 2. Strophe Paarreim; die Verse 5 bis 8 stehen im Kreuzreim, die Verse 9 bis 12 im umarmenden Reim.

Aufgabe 7 / Seite 118

C. F. Meyers Gedicht trennt durch die Strophen klar zwischen der Beschreibung des lyrischen Bildes – Möwen und ihr gespiegeltes Bild – und der Deutung.

Domins Gedicht, in dem Möwe und *„Wassermöwe“* noch durch die *„Schattenmöwe“* ergänzt sind, verzichtet auf eine derartige Deutung. Domin beschreibt eine dreifache Möwe; von der Umgebung erfährt man nur, dass – selbstverständlich – die Sonne scheint, und dass sich das Geschehen über einem Fluss abspielt.

Viel genauer ist die Beschreibung C. F. Meyers, der nicht nur die Umgebung (die Felsen, das grüne Meer), sondern auch den Möwenflug anschaulich erfasst.

Aufgabe 8 / Seite 118

Hervorzuheben sind in der ersten Strophe vor allem die Inversionen (z. B. Z. 1 f.). Durch spezifische Verschachtelungen erscheint diese Strophe hypotaktisch. Aber trotz seiner Länge besteht der erste Satz nur aus zwei mit *„und“* (Z. 5) verbundenen Hauptsätzen. Der erste ist durch die Aufzählung von zwei Partizipialkonstruktionen (*„bleibend“*, *„beschreibend“*) ergänzt, der zweite durch eine Infinitivkonstruktion („blitzen“). Der zweite Satz der ersten Strophe (*„Und der Spiegel hatte solche Klarheit ...“*), wird ergänzt durch zwei Adverbialsätze. Die zweite Strophe ist – insbesondere in den letzten Zeilen, die nur aus knappen Fragesätzen bestehen – überwiegend parataktisch gestaltet.

Aufgabe 9/10 / Seite 118

Bei *„Trug und Wahrheit“* bzw. *„Schein und Wesen“* handelt es sich – vordergründig – um die tatsächlichen Möwen (*Wahrheit, Wesen*) und ihre Spiegelung (*Trug, Schein*). In der zweiten Strophe wird angezweifelt, ob der Mensch – das Lyrische Ich – als wahrhaftiges, schöpferisches Individuum gelten kann oder ob er seine Identität, seine Fähigkeiten nur *„abgespiegelt“* hat.

Die Deutung der verschiedenen Bilder (Z. 17 ff.) sollte von den Schülerinnen und Schülern individuell und kreativ vorgenommen werden.

Aufgabe 13 / Seite 120

„Kessel“, *„Dampfstrahl“*, *„Walze“*, *„E-mail“* sind dem Bereich Technik entnommen. „Felsen“ entstammt der unbelebten Natur. Diesem Unbelebten gegenüber steht das *„Experiment des Lebens“*. Auch der Begriff *„Tanz“* ist eine Antithese zur Starrheit der ersten Begriffe im Text. Die Antithetik wird fortgeführt mit der Beschreibung der Laute (*„Gesang“*, *„Lachen“*, *„Gebrüll“*), die *„ohne Stimmband“* erzeugt werden.

Aufgabe 14/15/16 / Seite 120

Bild/Metapher (Teil 1)	**Aussage**	**Eigenschaft (Teil 2)**
„Dieser graue, schwarze, / glänzende Kessel“ „diese Walze“ „dieser Felsen“	Unverwundbarkeit Stärke	„Hinfälligkeit“
„Gehirn, größer / als das aller anderen Wesen“ „Gebrüll“	Kraft	„Arglosigkeit“
„Tanz“, „Gesang“, „Lachen“	Lebensfreude	stranden, ersticken

Deutlich wird ein klarer Antagonismus, der zunächst durch den Gegensatz zu den Menschen, die *„besinnungslos jagen“* und ohne die positiven Eigenschaften des Wals erscheinen erweitert wird. Außerdem wird die scheinbar unüberwindliche Stärke des Wals als abhängig vom Wasser dargestellt, ohne das *„seine Kräfte nicht reichen“*.

Aufgabe 21 / Seite 121

Tierisch sind der Vogel auf dem Baum, sein Federkleid und seine scheue Art. Menschlich ist die Sprache (außerdem *fragt* der Vogel).

Aufgabe 22 / Seite 121

Das lyrische Ich beschreibt einen Menschen, der ein scheues Tier anlockt. Durch das beginnende gegenseitige Sprachverständnis ändert sich das Bild.

Aufgabe 1 / Seite 122

Kleine und größere semantische Abweichungen sind: *schwätzen – palavern / werklich (eine stärkere Versicherung) – tatsächlich / Verwannelung – Metamorphose / Hern – Hirnmasse / blind werrn – erblinden / kann – kenne.* Außerdem zeichnet sich das Dialektgedicht durch spezifische grammatikalische Umständlichkeiten aus (Perfekt statt Präteritum sowie die Umschreibung mit „tun“). Schließlich wird durch den Dialekt einiges deutlicher dargestellt: *e aanzisch gemeinsam Schprach – eine gemeinsame Sprache / blind drufflos fresse – blindlings fressen.*

Aufgabe 2 / Seite 122

Die Wirkung könnte ggf. durch einen Vortrag verdeutlicht werden. Wahrscheinlich werden die Schülerinnen und Schüler dem Dialekt-Gedicht eine stärkere Behäbigkeit, aber auch eine größere Glaubwürdigkeit zuschreiben. Das Gedicht in Hochsprache dürfte schneller als Satire erfasst werden.

Aufgabe 3 / Seite 122

Das Gedicht beginnt mit einer umgeformten Redewendung. Der metaphorische *„Wurm“*, der *„aus der Nase“* gezogen wird, erhält seine reale Wurm-Gestalt: ein blindes Wesen, reduziert auf einen fressenden, kriechenden Körper ohne nennenswertes Gehirn. Die Metamorphose führt also weit weg vom normalen Menschlichen.

Aufgabe 4 / Seite 122

Insbesondere Z. 21 f. sollte diskutiert werden: Worte sind *„Bedeutungsträger [...], voll mit abstrakten Vorstellungen“*. Als Beispiel dürfte z. B. der Unterschied zwischen *„palavern“* und *„schwätzen“* genommen werden.

Aufgabe 5 / Seite 122

Hochsprache vermittelt die Vorstellung, diese Sprache sei höherwertig. *Standardsprache* ist neutraler, bezeichnet lediglich die Tatsache, dass ein Normierungsprozess stattgefunden hat.

Aufgabe 6 / Seite 123

Herum um unser Haus
Da fliegt die Fledermaus,
Sie ist so grau so greise [alt],
Sie fliegt so schnell so leise,
Leise über den First dahin,
Da guckt sie einmal in den Schornstein hinein.

Aufgabe 8 / Seite 123

Übersetzung:
Bewegt euch schneller und schneller,
Die Alligatoren kommen
Er pfeift und schreit
Und ruft/nennt sie bei ihrem Namen:
„Hey, Gaston!
Hey, Tiboy!
Hey, Pierre and Alceé!
Auf, Ninette!
Auf, Suzette!
Celeste und Reneé!"

Besonderheiten:
Abkürzungen: „Mo" statt „Move", „an'" statt „and",
Schreibung wie gesprochene Sprache „dey" statt „they", „dem" statt „them", „fas'er" statt „faster".

Aufgabe 1 / Seite 124

Zunächst wird – vom Hauptmotiv ausgehend – beschrieben und gedeutet, was um die *„Hirschin"* herum gruppiert ist; anschließend wird das Tier eingehend geschildert, am Ende die Wunden; aus der Deutung entstehen die abschließenden Fragen.

Aufgabe 2 / Seite 125

Als Anregung einen alternativen Text: Cees Nooteboom beschreibt das gleiche Bild in einem Essay über Frida Kahlo, ihr Haus und ihre Werke (Cees Nooteboom, Das Reh und der Froschkönig, in: Ders., Nootebooms Hotel, Aus dem Niederländischen von Helga von Beuningen, Frankfurt/Main: Suhrkamp Verlag 2002, © Suhrkamp Verlag 2000, S. 295 f):

„Blutig sind diese Bilder. Blut ist in diesem Land nie sehr weit, und Blut herrscht auch auf einigen dieser Bilder vor. Einmal hat sie sich als angeschossenes Reh gemalt, oh so weiblich, jedoch mit einem männlichen Geweih, auf einer Lichtung im Wald, in voller Bewegung und dennoch in einem merkwürdigen Stillstand begriffen, durchbohrt von neun Pfeilen, spitze Rehlauscher über ihren runden Frauenohren, das Gesicht unbewegt von den Wunden, die das Blut über ihr Fell strömen lassen, die Beine angezogen zum Sprung, die kleinen Hufe schwebend über einem abgerissenen Zweig." *Das kleine Reh, 1946.*

Zusatzmaterial

Passend zum Kapitelthema finden Sie folgende Texte als Kopiervorlagen ab S. 56 in diesem Buch und auf der beiliegenden CD-ROM.

Sarah Kirsch: Katzenleben
Aus: dies., Werke in fünf Bände, 2. Band, Gedichte, hrsg. Von F.H. Hackel, Deutsche Verlagsanstalt, Stuttgart, 1999, S. 205

Aufgaben

Das Gedicht handelt von zwei unterschiedlichen Lebensumständen: von denen der Katzen und von denen eines oder mehrerer Menschen. Das Leben der Katzen ist in den ersten Versen beschrieben; im siebten Vers geht Sarah Kirsch zur Beschreibung eines menschlichen Lebens über – nämlich das des Überwachten hinterm „Jägerzaun“. Stelle diese beiden Leben einander gegenüber. Arbeite dabei mit den Begriffen des Textes.
„Die Dichter lieben die Katzen ...“ und „Der Überwachte“ lässt „die Grenzen hinter sich...“ schreibt Sarah Kirsch. Sie selbst lebte bis 1977 in der DDR. Weil sie gegen die Bestrafung eines anderen Schriftstellers protestiert hatte, wurde sie 1976 aus dem Schriftstellerverband der DDR ausgeschlossen. Wegen ihrer Kontakte in die Bundesrepublik wurde jeder, der sie besuchte, registriert, indem z.B. Nummernschilder der Autos notiert wurden. Erkläre vor diesem Hintergrund das Interesse der „Dichter“ (Z.1) an den Katzen.

Heinz Piontek: Endlich
Aus: Heinz Piontek, Wie sich Musik durchschlug. Gedichte, Hamburg: Hoffmann und Campe 1978, S. 84

Aufgaben

1. Das Gedicht beginnt mit der Zeile: *„Noch immer blick ich auf, sobald sie fliegen“*; mit diesen Worten drückt das Lyrische Ich sein Interesse an den Vögeln aus. Erkläre anhand der folgenden vier Zeilen, warum der Vogelflug fasziniert.
2. In der zweiten und dritten Strophe geht der Autor auf Unterschiede und Entsprechungen zwischen Vögeln und Menschen (*„wir“*) ein. Liste diese Unterschiede und Entsprechungen auf und überlege, wie Du den Begriff *„Gefangene“* (Z. 8) verstehen kannst.
3. Untersuche die Verteilung der Hebungen und Senkungen im Text und versuche Unregelmäßigkeiten anhand des Inhalts des betreffenden Verses zu erklären.
4. Bereite einen Vortrag des Gedichts vor. Überlege, welche Wörter und Silben du betonen willst, wo Pausen zu machen sind und wie die Zeilensprünge behandelt werden sollen.
5. Schreibe einen eigenen Text über die *„Schatten über uns von Käfigen und Netzen“*.

Weitere Texte zum Thema passend sind:

Christine Busta, Die Botschaft
aus: Lampe und Delphin, Gedichte, Salzburg: O. Müller 1955, Fundstelle: Moderne deutsche Naturlyrik, hrsg. v. Edgar Masch, Stuttgart: Philipp Reclam jun. 1980, S. 157

Jürgen Becker, Vom Wandern der Gedanken übers Papier 2
in: Die Gedichte, Frankfurt/Main: Suhrkamp Taschenbuch Verlag 1995, S. 345, Suhrkamp Verlag Frankfurt am Main 1981

Marie Luise Kaschnitz, Die Katze
Aus: Gesammelte Werke, hrsg. v. Christian Büttrich und Norbert Miller, 5. Band: Die Gedichte, Frankfurt/Main: Insel-Verlag 1985, S. 259 f.

Aufgaben

1. Die Begegnung zwischen dem Mann und der Katze verläuft in Etappen. *Marie Luise Kaschnitz* hat diese Etappen durch Zeitangaben deutlich gemacht. Gib für die einzelnen Etappen an, was geschieht und wie sich die Katze und der Mann jeweils verhalten. Das kann in Tabellenform geschehen.

2. Finde Erklärungen für das Verhalten des Mannes.
3. Formuliere eine Rede der Katze an den Mann, in der sie erklärt, warum sie geflohen ist.

oder

5. Schreibe auf, was der Mann denken könnte, wenn er die Katze *„An der alten Stelle“* wiedersieht.

Weitere Texte zum Thema passend sind:

Jenny Aloni, Die Katze
in: Gedichte. Gesammelte Werke in Einzelausgaben, hrsg. v. F. Kienecker und H. Steinecke, Bd. 7, Paderborn etc.: F. Schöningh 1995, S. 167

Rüdiger Kremer, 20. märz (abends)
Aus: die katzen des königs der spatzen. Gedichte, Düsseldorf: Verlag Eremiten-Presse 1985, S. 27

Martin Walser, Vorbereitung von Prosa
Aus: Zauber und Gegenzauber. Aufsätze und Gedichte, Frankfurt/Main: Suhrkamp-Verlag 2002, S. 34, Martin Walser 1995

Aufgaben

1. Überlege, welche Botschaft der Sprecher am *„20. märz (abends)“* von seiner Katzen empfangen mag.
2. Untersuche die Bewegungen der Katze im zweiten Gedicht. Überlege, ob sie eher kätzisch oder menschlich dargestellt sind.
3. Überlege dir, wer eigentlich an diesem Schreibtisch sitzt.

R. M. Rilke, Der Panther
Aus: Gedichte 1895 bis 1910, hrsg. v. M. Engel und U. Fülleborn, Darmstadt: WB 1996, Insel-Verlag Frankfurt/Main 1996, S. 469

Aufgaben

1. Untersuche, wer in diesem Text handelt, von wem oder was Aktivität ausgeht.
2. Suche nach Gegensätzen im Gedicht und erläutere ihre Funktion.
3. Überlege dir, in welcher Situation ein Mensch, der dieses Gedicht liest, denken könnte: Das passt auch auf mich.
4. Lies das Gedicht laut, mit sinnvoller Betonung und bewusst gesetzten Pausen. Überlege, inwiefern die dabei zum Ausdruck kommende Form des Gedichts die Aussage unterstreicht.

Weitere Texte zum Thema passend sind:

William Blake, The Tyger
Nachdichtung von Walter Wilhelm, in: Ein Ding von Schönheit ist ein Glück auf immer. Gedichte der englischen und schottischen Romantik, hrsg. v. Horst Höhne, Leipzig: Verlag Philipp Reclam jun. 1983, S. 108 f; Aufbau-Verlag, Berlin und Weimar 1958

Clemens Brentano, Still ist der graue Wolf
Fundstelle: Die Zauberwaffen der Poesie. Gedichte – Erzählungen – Briefe, hrsg. v. Hans Magnus Enzensberger, Insel-Verlag Frankfurt/Main, 2. Aufl. 1994, S. 37

Kopiervorlage

Sarah Kirsch

Katzenleben

Aber die Dichter lieben die Katzen
Die nicht kontrollierbaren sanften
Freien die den Novemberregen
Auf seidenen Sesseln oder in Lumpen
Verschlafen verträumen stumm
Antwort geben sich schütteln und
Weiterleben hinter dem Jägerzaun
Wenn die besessenen Nachbarn
Immer noch Autonummern notieren
Der Überwachte in seinen vier Wänden
Längst die Grenzen hinter sich ließ.

Kopiervorlage

Heinz Piontek

Endlich

Noch immer blick ich auf, sobald sie fliegen:
gespreizte Federn, ausgestreckte Schwinge –
ganz einfach leichter als ihr dichter Kern.
Durch listige Veränderung und Mut
erreichen sie, dass sie der Luftstrom trägt.

Doch auch Rotkehlchen, Störche, Finken, Lerchen,
Bussarde, Staffeln unerschrockner Schwalben
sind hier Gefangene – in keinem andern
und bessern Sinn als wir, die stets sich trollen
mit erdenschwer unangemessnen Körpern.
Auch ihre Kraft der Sehnsucht reicht nicht weiter
als bis zu jenen Ästen, Firsten, niedrigen Gebirgen
und schrumpft noch mit der Zeit.
Wie viele Schatten über uns von Käfigen
und Netzen! Leben, das uns nicht leben lässt
nach stiller Ahnung oder Fieber!

Vielleicht, vielleicht, dass wir noch letzten Endes,
wie uns das Freisein zufällt, sich erfüllt,
durch einen Diamanten blitzen sehen.

Kopiervorlage

Christine Busta

Die Botschaft

Manche Vögel sind Späher:
Sie hocken auf Wipfeln und Graten
oder im Dickicht gesanglos.
Unvertraut sind die Nester
ihrer Herkunft, die Flüge
unerreichbar, und jäh trifft
mitten ins Herz ihr Schrei.

Manche Worte sind lautlos,
aber immer äugt etwas
her nach dir aus der Stille.
Eingesehn sind die Wege,
alle. Geh nur! Schon witterst
du den bergenden Herdrauch.
Doch am Rande der Dörfer
holt es für immer dich ein.

Kopiervorlage

Jürgen Becker

Vom Wandern der Gedanken übers Papier

eine Fläche, die leer ist
in der Vorstellung etwa ein riesiges Schneefeld
weiß und leer
bis ein Schwarm krächzender Vögel
über dem Feld kreist und niedergeht
und rauschend wieder davonfliegt
bis ein Zug grauer Figuren
von den dunklen Rändern her kommt
und über den Schnee zieht
steht wartet und weiter zieht schweigend
eine Fläche, die leer war
ein Feld voller Spuren
ein System, das von seiner Veränderung erzählt
und die Erinnerung an die Ereignisse vorzeigt
an die Vergänglichkeit der Ruhe
die Möglichkeiten nach einem Frieden

Kopiervorlage

Marie Luise Kaschnitz

Die Katze

Die Katze, die einer fand, in der Baugrube saß sie und schrie.
Die erste Nacht, und die zweite, die dritte Nacht.
Das erste Mal ging er vorüber, dachte an nichts
Trug das Geschrei in den Ohren, fuhr auf aus dem Schlaf.
Das zweite Mal beugte er sich in die verschneite Grube
Lockte vergeblich den Schatten, der dort umherschlich.
Das dritte Mal sprang er hinunter, holte das Tier.
Nannte es Katze, weil ihm kein Name einfiel.
Und die Katze war bei ihm sieben Tage lang.
Ihr Pelz war gesträubt, ließ sich nicht glätten.
Wenn er heimkam, abends, sprang sie ihm auf die Brust, ohrfeigte ihn.
Der Nerv ihres linken Auges zuckte beständig.
Sie sprang auf den Vorhang im Korridor, krallte sich fest
Schwang hin und her, daß die eisernen Ringe klirrten.
Alle Blumen, die er heimbrachte, fraß sie auf.
Sie stürzte die Vasen vom Tisch, zerfetzte die Blütenblatter.
Sie schlief nicht des Nachts, saß am Fuß seines Bettes
Sah ihn mit glühenden Augen an.
Nach einer Woche waren seine Gardinen zerfetzt
Seine Küche lag voll von Abfall. Er tat nichts mehr
Las nicht mehr, spielte nicht mehr Klavier
Der Nerv seines linken Auges zuckte beständig.
Er hatte ihr eine Kugel aus Silberpapier gemacht
Die sie lange geringschätzte. Aber am siebenten Tag
Legte sie sich auf die Lauer, schoß hervor
Jagte die silberne Kugel. Am siebenten Tag
Sprang sie auf seinen Schoß, ließ sich streicheln und schnurrte.
Da kam er sich vor wie einer, der große Macht hat.
Er wiegte sie, bürstete sie, band ihr ein Band um den Hals.
Doch in der Nacht entsprang sie, drei Stockwerke tief
Und lief, nicht weit, nur dorthin, wo er sie
Gefunden hatte. Wo die Weidenschatten
Im Mondlicht wehten. An der alten Stelle
Flog sie von Stein zu Stein im rauhen Felle
Und schrie.

Kopiervorlage

Jenny Aloni (6 – 7 – 49)

Die Katze

(in belagerter Stadt)

Ihr blieb nur noch sie selbst davon zu zehren.
Die Abfalltonne, sonst so voll von Resten
gähnte, ein leeres Loch bei jedem Sprunge.
Sie lag nun stundenlang im heißen Hofe.
Krähen und Ungeziefer saßen ihr im Fell.
Das Pfeifen, Krachen von Kanonenschüssen
vermochten kaum sie mehr emporzuschrecken,
und manchmal nur noch raffte sie sich auf
und schlich zum lange trocknen Wasserhahne. –
Die Fliegen merkten nicht, dass sie gestorben.
Erst später warf ein Mensch sie zu dem Kehricht.

Worterklärung: Kehricht – Abfall, Müll

Kopiervorlage

Zwei Schriftsteller schreiben über eine Katze am oder auf dem Schreibtisch:

Rüdiger Kremer

20. märz (abends)

meine katze kommt vom bücherregal
über die fensterbank
auf den schreibtisch gestiefelt
und legt sich
einfach auf das papier.

Martin Walser

Vorbereitung von Prosa

Die Katze am Schreibtisch
räkelt sich, streckt von sich
tappt in beide Augen, reibt
macht einen Mund, rollt
Schultern, probiert aus
die Unabhängigkeit einzelner Zehen
rutscht auf ihrem Hintern hin und her
läßt ihre Hände auswandern
zurückkehren, sogar Klavierspielen
dann greift sie nach dem Kugelschreiber
und schreibt: Heute vormittag bin ich
ziemlich aufgeregt, deshalb bin ich ge-
spannt auf was heute noch passiert.
Ich wäre sehr enttäuscht, wenn ich
so aufgeregt säße bis abends und
nichts würde passieren, was mir
erklären könnte, warum ich heute
so aufgeregt bin.

Kopiervorlage

Rainer Maria Rilke

Der Panther

Im Jardin des Plantes, Paris

Sein Blick ist vom Vorübergehn der Stäbe
so müd geworden, dass er nichts mehr hält.
Ihm ist, als ob es tausend Stäbe gäbe
und hinter tausend Stäben keine Welt.

Der weiche Gang geschmeidig starker Schritte,
der sich im allerkleinsten Kreise dreht,
ist wie ein Tanz von Kraft um eine Mitte,
in der betäubt ein großer Wille steht.

Nur manchmal schiebt der Vorhang der Pupille
sich lautlos auf –. Dann geht ein Bild hinein,
geht durch der Glieder angespannte Stille –
und hört im Herzen auf zu sein.

Kopiervorlage

William Blake

The Tyger

Tyger, Tyger, burning bright
In the forests of the night,
What immortal hand or eye
Could frame thy fearful symmetry?

In what distant deeps or skies
Burnt the fire of thine eyes?
On what wings dare he aspire?
What the hand dare sieze the fire?

And what shoulder & what art
Could twist the sinews of thy heart?
And when thy heart began to beat,
What dread hand? & what dread feet?

What the hammer? what the chain?
In what furnace was thy brain?
What the anvil? what dread grasp
Dare its deadly terrors clasp?

When the stars threw down their spears,
And water'd heaven with their tears,
Did he smile his work to see?
Did he who made the Lamb make thee?

Tyger! Tyger! burning bright
In the forests of the night,
What immortal hand or eye
Dare frame thy fearful symmetry?

Der Tiger

Tiger, Tiger, grelle Pracht
In den Dickichten der Nacht,
Wes unsterblich Aug und Hand
Wohl dein furchtbar Gleichmaß band?

Welcher Abgrund, welche Ferne
Barg die Glut der Augensterne?
Welche Flügel mag er schwingen?
Welche Hand das Feuer zwingen?

Welche Armkraft konnte dehnen,
Knüpfen deines Herzens Sehnen,
Und als endlich schlug dein Herz,
Welche Hand der Füße Erz?

Welcher Amboß, welcher Hammer
Schmiedete des Hirnes Kammer?
Welcher Griff und Zwang genügte,
Daß er solchen Schrecken fügte?

Als die Sterne sich erschreckten,
Weinend ihre Waffen streckten,
Freute da des Werks er sich?
Schuf, der's Lamm erschuf, auch dich?

Tiger, Tiger, grelle Pracht
In den Dickichten der Nacht,
Wes unsterblich Aug und Hand
Furchtlos dieses Gleichmaß band?

deutsch von Walter Wilhelm

Kopiervorlage

Clemens Brentano

Still ist der graue Wolf, der list'ge Laurer;
Doch würgt die Hirtin er, die in dem Duft
Der Blumen sorglos an dem Quell entschlafen,
Und treibt ein blutig Spiel mit ihren Schafen.
Still schwebt der Adler bläulich in der Luft,
Wie eine Locke aus des Donnrers Bart,
Nicht schreit er, so die Tauben er gewahrt,
Die auf dem dunklen Saatfeld schimmernd spielen,
Nicht stummer kann der Pfeil vom Bogen zielen.
Still sind die tiefen Wasser, hohe Not
Holt leisen Odem, und es schweigt der Tod.

Zusammenleben in einer Welt

Zur Konzeption des Kapitels

Das Kapitel thematisiert inhaltlich Fragen des nationalen und globalen Zusammenlebens: Anonymität, kulturelle Vielfalt, Kriege, Globalisierung. Ein Gedicht von Tucholsky thematisierte schon früh Phänomene der Massengesellschaft. In humorvoller Weise beschreibt Kaminer eine von der wirklichen Nationalität der Betreiber losgelöste Multikulturalität als Geschäftsprinzip in der Gastronomie der Gegenwart. Sylke Tempel weist in ihrem Sachtext bündig darauf hin, dass kulturelle Vielfalt und politische Freiheit zusammenhängen. Ein längerer Text von Erzbischof Tutu legt die psychologischen, gesellschaftlichen, politischen und kulturellen Ursachen von Kriegen bloß und zeigt vor dem Hintergrund der Erfahrungen in Südafrika, dass es bessere Wege gibt.
Im Sprachbuchteil wird die Sachtextanalyse, auch vergleichend, ausführlich eingeübt. Mit Hilfe des Kapitels kann aber ebenso die Zusammenfassung eines Sachtextes als Schreibaufgabe erarbeitet werden. Besonderer Wert wird auf fächerübergreifende Arbeitstechniken und Kompetenzen gelegt. In einem weiteren Teil beschäftigen sich die Schüler mit „neuralgischen Punkten" (typischen Fehlerquellen) aus den Bereichen Rechtschreibung, Grammatik und Stil. Dieser Teil kann unabhängig vom ersten bearbeitet werden.

Lösungen zu den Aufgaben der Lesetexte

0 Kurt Tucholsky, Augen in der Großstadt (S. 126)

Aufgabe 1

Tucholsky sieht das Zusammenleben negativ, weil durch die Flüchtigkeit der Begegnungen viele Chancen verfehlt werden, nämlich:
Strophe 1: seine Sorgen zu teilen und sein Lebensglück zu finden,
Strophe 2: einen seelenverwandten Menschen zu finden, der einen nicht vergisst,
Strophe 3: Freunde und Mitstreiter zu finden und Feinde zu erkennen.

1 Wladimir Kaminer, Geschäftstarnungen (S. 128)

Aufgabe 2

Die Frage nach nationaler Identität wurde z. B. 2009 im Einwanderungsland Frankreich öffentlich diskutiert und führte zu vereinzelten sehr problematischen nationalistischen Äußerungen. In Deutschland ist bei diesem Thema besondere Sensibilität geboten, weil die Nationalsozialisten „Deutschtum" rassistisch definierten und zur Legitimation für die Verfolgung und Ermordung von Millionen Menschen machten. Gleichwohl ist die Frage interessant, weil sie zahlreiche unbewusste Stereotype, die noch heute in vielen Köpfen existieren, ans Licht bringt. Die Diskussion kann freilich entgleiten, weshalb die Lehrkraft auf diese besonders vorbereitet sein sollte (z. B. durch die Fächerverbindung mit Geschichte/Politik).

2 Sylke Tempel, Kulturelle Vielfalt (S. 129)

Globalisierung → Einwandererströme → Konflikte:
- Angst vor „Überfremdung" seitens der Einheimischen
- Angst vor Verlust der eigenen Kultur seitens der Zuwanderer

Allgemeine Menschenrechte: Jeder darf innerhalb bestehender Gesetze seine eigene Identität finden, zumal immer mehr Menschen ihre Identität aus verschiedenen Komponenten zusammensetzen. Deren Grenzen werden in friedlich und offen geführten Debatten ermittelt, was nur in Demokratien möglich ist.
Gegenbeispiel: Die Diktatur Stalins und seine Sprachpolitik.
Nicht Konsum zerstört Kulturen, sondern politische Unfreiheit!

3 Desmond Tutu, Warum gibt es Krieg? (S. 130)

Aufgabe 1

Warum gibt es Krieg? z. B.
- Angst der Menschen voreinander

- Ein mächtiges Land will ein kleines tyrannisieren
- Bürgerkrieg
- Kampf gegen ein Unrechtsregiment

Welches Beispiel gibt es für letztgenannten Fall?
- Kampf der Schwarzen gegen Apartheid in Südafrika

Ist dies ein in jedem Fall gerechter Krieg?
- Auch in einem solchen Kampf muss man sich an das Kriegsrecht halten

Ist Gewalt nicht eine praktische Möglichkeit, sich bei Meinungsverschiedenheiten durchzusetzen?
- Plädoyer für gewaltlose Konfliktlösung

Aufgabe 2

Nach Tutu besteht ein deutlicher Zusammenhang zwischen demokratischer Staatsform und friedlichem Zusammenleben verschiedener Kulturen in Südafrika.

Aufgabe 3

- Z. 14 ff., Z. 81 f.: der „Tyrann" auf dem Schulhof: Zusammenhang zwischen kindlichem Alltagsverhalten und dem politischen Verhalten der Erwachsenen
- Z. 57 ff.; Kriegsspiele am Computer: Zusammenhang zwischen Spielen und falscher Vorstellung vom realem Krieg

Lösungen zu den Aufgaben im Sprachbuchteil

Sachtexte verstehen

Aufgabe 1 / Seite 134

Äußere Gliederungssignale sind der Kursivdruck und die Tatsache, dass hier eine Frage-Antwort-Struktur vorliegt. Die Themen kann man ungefähr überblicken, wenn man nur die kursiven Fragen liest.

Aufgabe 2 / Seite 137

Z. 1–8: Def. fremd ≈ anders, seltsam

Z. 9–18: Beispiele: Paris-Normandie, Frankreich-Senegal → jeder kann für jmd. „fremd" sein

Z. 19–32: Ursachen der Fremdenfeindlichkeit: →
tierische Wurzel: Revierabgrenzung, beim Menschen: Argwohn

Z. 33–45:

Natur	vs.	Kultur
tierähnliches Verhalten	vs.	überlegtes Verhalten
Instinkt	vs.	Erziehung

⇩

Wertorientierung als Basis friedlichen Zusammenlebens!

Z. 46–51: Rassismus als Folge schlechter Erziehung und schlechter Vorbilder

Z. 52–61: Zusammenhang von Vorurteilen, Angst und Aggression

Z. 62–92:
- Angst vor Fremden als Vorwand für Kriege!
- Unwissenheit als Grund für Angst vor Fremden → Gegenseitiges Kennenlernen als Mittel gegen Angst vor Fremden:
  a) Einladungen
  b) Reisen

Aufgabe 3 / Seite 137

Es gibt keine alleinig richtige Lösung. Entscheidend ist, dass die Schüler für Signale im Text sensibilisiert werden, die Relationen ausdrücken.

Tahar Ben Jelloun: Papa, was ist ein Fremder?
Was genau ist ein Fremder?

Der Wortstamm ‹fremd› bedeutet ***sowohl*** ‹von weit her› ***als auch*** *(gemeinsames Auftreten zweier Merkmale)* ‹nicht dazugehörig›. Ein Fremder kommt ***also*** *(Folge)* aus der Ferne, aus einem anderen Land, manchmal auch nur aus einer anderen Stadt oder einem anderen Dorf. Und ein Fremder ist kein Angehöriger der Familie, des Klans oder des Stammes. ***Wenn*** heute jemand sagt, dass ihm etwas ‹fremd› sei, ***dann*** *(Folge)* meint er damit, dass es sehr anders ist als das, was man jeden Tag sieht, dass es demnach irgendwie ungewöhnlich ist, aus der Reihe fällt. Das Wort ‹seltsam› kann manchmal etwas ***Ähnliches*** *(ungefähre Gleichheit)* ausdrücken.

Bin ich eine Fremde, wenn ich zu meiner Freundin in die Normandie fahre?

Für die Leute aus der Gegend dort ganz bestimmt, denn du kommst von weiter weg, aus Paris, und du bist zudem eine Marokkanerin. Weißt du noch, als wir nach Senegal geflogen sind? Für die Senegalesen waren wir Fremde.

Aber die Senegalesen hatten keine Angst vor mir und ich auch nicht vor ihnen!

Das stimmt, denn deine Mutter und ich hatten dir erklärt, dass du vor Fremden keine Angst zu haben brauchst, ganz egal, ob sie reich oder arm, groß oder klein, weiß oder schwarz sind. Vergiss das nicht! Jeder von uns ist ein Fremder oder ein Ausländer für jemand anderen, ***denn*** *(Begründung)* Menschen aus einer anderen Kultur oder Gegend empfinden uns immer als fremd, als seltsam.

Hör mal Papa, ich habe immer noch nicht verstanden, warum es so gut wie überall Fremden- und Ausländerfeindlichkeit gibt.

In den sehr alten so genannten primitiven Gesellschaften verhielten sich die Menschen fast wie Tiere. Eine Katze steckt zuerst ihr Gelände ab. Wenn eine andere Katze oder ein anderes Tier ihr die Nahrung stehlen will oder ihren Jungen zu nahe kommt, verteidigt die Katze ihr Territorium und ihre Jungen mit allen Kräften. Der Mensch ist ***auch so*** *(Gleichheit)*. Er will sein Haus, seinen Boden, seine Besitztümer haben und kämpft, um sie zu behalten. Das ist normal; auch jedes Tier kämpft und verteidigt sich, wenn es angegriffen wird. Der Fremdenfeind ***aber*** *(Verschiedenartigkeit)* glaubt, dass jeder Fremde ihm seinen Besitz wegnehmen will. Er denkt gar nicht darüber nach, ob das stimmt, sondern ist einfach immer argwöhnisch gegenüber Fremden. Dieser Argwohn geht ***so weit, dass*** *(Folge)* manche Leute einen Fremden angreifen, ohne dass der ihnen irgendetwas getan hat oder etwas wegnehmen wollte.

Und so verhalten sich Menschen auch heute noch überall, in allen Gesellschaften?

Dieses Verhalten ist uralt und auch heute noch ziemlich verbreitet und alltäglich, aber deshalb ist es noch lange nicht richtig! Was uns Menschen von den Tieren ***unterscheidet*** *(Gegensatz)*, ist doch, dass wir ***nicht nur*** von der Natur, ***sondern auch*** von der Kultur geprägt sind. Wir reagieren ***nicht nur*** unüberlegt und instinktiv, ***sondern*** wir können ***auch*** *(gemeinsames Auftreten zweier Merkmale)* nachdenken und dann vernünftig handeln. Dieses überlegte Verhalten lernen wir von unseren Eltern, in der Schule oder durch eigenes Nachdenken, und in diesem vernünftigen Verhalten drücken sich bestimmte Werte aus, wie zum Beispiel die Achtung vor dem anderen. Das ist die ‹Kultur› ***im Gegensatz zur*** *(Gegensatz)* ‹Natur›. Weil wir nicht alleine auf der Welt sind, brauchen wir die Kultur. Sie lehrt uns, friedlich mit anderen Völkern zusammenzuleben und dass andere Traditionen und andere Lebensweisen genauso viel wert sind wie unsere eigenen.

Mit Kultur meinst du also Erziehung. Aber vorher hast du doch gesagt, dass auch der Rassismus anerzogen ist ...

Ja, zweifellos wird niemand als Rassist geboren, man wird erst dazu gemacht. Es gibt eben leider nicht nur eine gute Erziehung, sondern auch eine schlechte Erziehung. Das hängt ganz von den Vorbildern ab, denen du in deinem Leben begegnest.

Dann ist ja jedes wilde Tier besser als der zivilisierte und erzogene Mensch!

Nun ja, das Tier hat keine vorgefassten Gefühle oder Meinungen über andere Tiere. Der Mensch hat im ***Gegensatz*** *(Gegensatz)* dazu Vorurteile. Er urteilt über andere, ohne sie zu kennen. Er glaubt, im Voraus wissen zu können, wie ein Fremder sich verhalten wird und wie viel er wert ist. Oft täuscht er sich und glaubt falsche Dinge über den anderen, die ihm dann Angst einjagen. Um diese Angst zu bekämpfen, führt der Mensch manchmal sogar Krieg. Denn weißt du, wenn ich sage, dass der Rassist oder der Ausländerfeind Angst vor dem Fremden hat, heißt das noch lange nicht, dass er vor Angst zittert. Im Gegenteil, er fühlt sich von dem Fremden bedroht und greift ihn an. Die Angst macht ihn aggressiv.

Also ist die Angst vor dem Fremden die Ursache für den Krieg?

Manchmal ja. Meist geht es im Krieg jedoch darum, den anderen ihren Besitz wegzunehmen. Einige benutzen den Rassismus oder die Religion, um die Menschen dazu zu bringen, einander zu hassen und zu bekämpfen. Dabei kennen sich diese Menschen gar nicht. Um das zu erreichen, schüren diese Kriegstreiber die Angst vor dem Fremden, die Angst davor, dass er uns unser Haus, unsere Arbeit, unsere Frauen wegnimmt. Und die Unwissenheit der Menschen nährt diese Angst noch:

Ich weiß nicht, wer dieser Fremde ist, und er weiß auch nicht, wer ich bin. Nimm ***zum Beispiel*** *(Konkretisierung)* unsere Nachbarn hier in Paris. Sie haben uns lange misstraut, bis wir sie eines Abends zum Kuskusessen eingeladen haben. Da haben sie gemerkt, dass wir leben wie sie. Seitdem sind wir in ihren Augen nicht mehr gefährlich, auch wenn wir aus einem anderen Land, aus Marokko, stammen. Durch unsere Einladung haben wir ihr Misstrauen verjagt. Wir haben miteinander geredet und uns etwas besser kennen gelernt. Wir haben zusammen gelacht. Das heißt, wir fühlten uns wohl miteinander, während wir uns vorher im Treppenhaus kaum gegrüßt haben.
Also müssen wir uns gegenseitig einladen, um unsere Angst und unser Misstrauen zu verlieren!
Das ist eine gute Idee. Sich kennen lernen, miteinander reden, zusammen lachen, gute, aber auch schlechte Augenblicke miteinander teilen, zeigen, dass wir oft gleiche Sorgen haben, das könnte den Rassismus und die Ausländerfeindlichkeit zurückdrängen. ***Auch*** *(Aufzählung)* Reisen sind eine gute Gelegenheit, um andere Völker und Kulturen besser kennen zu lernen. Schon der französische Schriftsteller und Philosoph Montaigne riet seinen Landsleuten im sechzehnten Jahrhundert, zu reisen und die Unterschiede zu beobachten. Für ihn war Reisen das beste Mittel, um ‹unser Denken am anderen zu reiben und zu feilen›. ***Denn*** *(Begründung)* ***wenn*** wir uns mit anderen befassen, (*ergänze* **„dann“**: *Folge*) lernen wir auch uns selbst besser kennen.

Aufgabe 4 / Seite 138

Vorschlag für eine Lösung, wobei viele Möglichkeiten denkbar sind; entscheidend ist allein, dass die Schüler für sich eindeutige Visualisierungen finden.
- zwei Seiten eines Phänomens: ⅄
- Gegenüberstellung von Verschiedenem: ⇔
- Widerspruch: vs.
- Gegensatz: vs.
- Ungefähre Gleichheit: ≈
- Konsequenz: →
- Zeitliche Verhältnisse: z. B. → für zeitliche Folge
- Aufzählung: Spiegelstriche, Nummerierung, Cluster
- Gemeinsames Auftreten zweier Merkmale: +
- Ankündigung einer Aufzählung: Doppelpunkt
- Zusammenfassung: geschweifte Klammer
- Ergebnisfeststellung: geschweifte Klammer
- Gleichartigkeit: =
- Vielzahl von Teilaspekten: Cluster, Spiegelstriche
- Begründungen:
- Konkretisierung: hier hat sich die z. B. – Abkürzung bewährt

Aufgabe 5 / Seite 138

Einen Anhaltspunkt für die möglichen verschiedenen Lösungen bietet die Antwort auf Aufgabe 2 / Seite 155 in diesem Lösungsheft.

Aufgabe 6 / Seite 139

Hier sollten fächerübergreifende Aufgaben gestellt werden.

Aufgabe 7 / Seite 139

s. die Passagen Z. 21–42, Z. 52–55

Aufgabe 8 / Seite 139

Das überfliegende Lesen ermöglicht die grobe Orientierung im Text, die in diesem Fall notwendig ist, um zeitsparend die relevanten Stellen zu finden. Hier würde man nach dem Schlüsselwort „Tier“ suchen, und zwar nicht nur in den kursiven Zeilen, sondern im ganzen Text.

Aufgabe 6 / Seite 141f.

a) Mitteleuropa – Der Balkan – Russland – arabischen Staaten – China
b) r – f (wenn auch: Militärs sprechen über die Möglichkeit) – f (umgekehrt!)
c) Bsp. für Kriege innerhalb von Ländern: a, b. Wege nachhaltiger Lösbarkeit: c, d

Aufgabe 2 / Seite 143

- bekannt: z. B. Keine Kriege zwischen Großmächten, sondern mehr zwischen Volksgruppen, begrenzter Erfolg militärischer Mittel bei Konfliktlösung

- neu: Thematisierung der Atomwaffen u.a. Waffentechnik, Zusammenhang von Lebensstandard und Krieg, Rolle der Friedensvermittler
- neu genannte Regionen: Osttimor, Südostasien, Ruanda, Nordirland
- Schwerpunktverlagerung: Eschbach geht mehr von aktuellen Schauplätze aus, Newth thematisiert etwas stärker die grundsätzlichen Fragen nach Ursachen und Verlauf von zukünftigen Kriegen überhaupt.

Eine Sachtextanalyse schreiben

Aufgabe 1a / Seite 144

- Es handelt sich um ein Gespräch, nicht um ein Interview und schon gar nicht interviewt der Vater die Tochter, sondern eher umgekehrt.
- Inhalt des Gesprächs bleibt unklar. „Reden" ist zu umgangssprachlich. „Sachtext von T. B. J." lässt nicht vermuten, dass der genannte Vater er selbst ist.
- Aussage des Textes bleibt unspezifisch, trifft auch in dieser Allgemeinheit nicht den Sinn und ist bereits eine Interpretation und keine Bezeichnung des Inhalts.
- Tautologisch
- Autorenname und Textgattung fehlen.
- Inhalt wird nur ausschnitthaft wiedergegeben.

Aufgabe 2 / Seite 144

- sinnentstellende Vereinfachung, die insofern gefährlich ist, weil sie Fremdenfeindlichkeit als Naturgesetz hinstellt. Bei T. B. J. hingegen erscheinen die Menschen in alten, sog. primitiven Gesellschaften fast wie Tiere. Der Fremdenfeind ist zudem insofern eine Sonderform unter den Menschen, als er nicht wirkliche Feinde bekämpft, sondern in jedem Fremden einen Feind sieht.
- Es handelt sich nicht um ein „entweder – oder"-Verhältnis, sondern um eine Folgebeziehung „weil – deshalb".
- Die Nachbarn sind nicht deshalb Freunde, weil ihnen das Essen geschmeckt hat, sondern weil sie beim Essen merkten, dass die Nachbarn leben wie sie.
- Unangemessene Wiedergabe: Überspitzte, ironische Formulierung Eschbachs wird wortwörtlich genommen.
- China droht nicht wirklich, aber chinesische Militärs reden mit Selbstverständlichkeit über die Möglichkeit eines Kriegs (feine Bedeutungsnuance).
- Die vier genannten Länder sind nur Beispiele; es gibt noch mehr.
- Bildlichkeit des Ausgangstextes (rhetorisches Mittel) passt nicht zum Sachstil der Inhaltswiedergabe.

Aufgabe 3b / Seite 145

Beispiele:
Aus: Desmond Tutu „Warum gibt es Krieg?" Z. 16–18: Ansprache an den Leser, verbunden mit einer Hoffnung. Funktion: Leser soll besonders zum Mitdenken animiert werden.
Aus: Andreas Eschbach „Kriege der Zukunft": Z. 8 und Z. 25: „Psychiater", „Jangtse": Funktion: Bildsprache soll die Sachverhalte veranschaulichen.
Aus: Eirik Newth: „Krieg und Frieden in der Zukunft": Z. 18: englisches Sprichwort. Funktion: Komplizierte und abstrakte Zusammenhänge sollen in einer einfachen, konkret-anschaulichen Formel begreifbar gemacht werden.

Aufgabe 2 / Seite 148

z. B.

	5.-Klässler	**Eltern**	**Austauschschüler**
Inhalt	starke Auswahl nach Kinderinteresse	alle relevanten Infos	Basisinfos
Aufbau	unterhaltsam	systematisch, übersichtlich	wie bei „Eltern"
Sprache	allgemeinsprachlich	fachsprachlich	einf. Wortschatz
Stil	Du-Stil Viele Beispiele	Sie-Stil eher abstrakt	eher Jugendsprache teils-teils

Aufgabe 3 / Seite 148

Z. 1–13: Bezug zur alltäglichen Lebenswelt, Z. 14–19: geschichtlicher Rückblick, Z. 20-23: Begriffsdefinition, Z. 25–28: Vergleich Früher/Heute, Z. 29–31: Erklärung, Z. 32–47: Folgen/Beispiele, Z. 32–37: Vorteile, Z. 38–47: Nachteile

Aufgabe 4 / Seite 148

- Sprechhaltung: Eschbach: Wir-Form und 3. Person/ Newth: Ich-Form und 3. Person
- Wortschatz: Eschbach: viele Abstrakta /Newth: viele Konkreta
- Satzbau: Eschbach: meist lange, hypotaktische Sätze / Newth: eher kurze Sätze, ausgenommen Aufzählungen
- Anschaulichkeit: Eschbach: wenig anschaulich, da wenig konkreten Beispiele / Newth: sehr anschaulich, da viele sehr konkrete Beispiele

Informationen in Diagrammen und Schaubildern verstehen und beschreiben

Aufgabe 1 / Seite149

Den Schülern sollte an dieser Stelle bewusst werden, dass auch dieser Text im Prinzip wie eine Inhaltsangabe aufgebaut ist, also durchaus mit einem Basissatz eingeleitet werden sollte.
Das Balkendiagramm vergleicht den täglichen Energiebedarf eines Menschen über den Zeitraum der Menschheitsgeschichte.
Während beim Sammler ohne Feuer (vor einer Million Jahren) lediglich ein sehr geringer Energiebedarf bei der Nahrung festzustellen ist, kommt beim Jäger und Sammler ein Verbrauch an Energie im Haushalt dazu, weil er Feuer für seine Zwecke einzusetzen wusste. Vor 7000 Jahren ist in der Menschheitsentwicklung der Ackerbau hinzugekommen, was – neben einer leichten Zunahme bei Nahrung und im Haushalt – einen weiteren Zuwachs an Energie bedeutet; die drei Bereiche machen hier noch jeweils ein Drittel aus. Um 1400 n. Chr. wechselt der Blick vom allgemeinen Menschen hin zum Westeuropäer, um den Vergleich zum Bewohner einer sich weiter entwickelnden Gesellschaft ziehen zu können. Der Energiebedarf ist inzwischen auf 30 kWh angewachsen, wobei besonders die Zunahme im Bereich Haushalt und Handel auffällt; neu hinzugekommen ist der Verkehr. Nur 500 Jahre später, die Betrachtung wird jetzt auf Deutschland gelenkt, hat sich der Energiebedarf verdreifacht, wofür hauptsächlich der Verbrauch in Haushalt und Handel, Industrie und Landwirtschaft, etwas weniger noch der Verkehr verantwortlich sind. Weitere 90 Jahre später, im Jahr 1990, ist der Energiebedarf um weitere 50 % angestiegen; dabei ist in fast allen Bereichen jeweils ein Zuwachs von etwa 30 % festzustellen, nur im Bereich Verkehr hat sich der Verbrauch in etwa verdoppelt.
Gerade die letzten 100 Jahr zeigen also einen sehr schnellen Anstieg des Energieverbrauchs an.
Das Tortendiagramm zeigt an, dass bei der Energiegewinnung durch Kohle-Dampf-, Kohle- und Gasverbrennung (also die Verbrennung fossiler Stoffe) am meisten CO_2 pro elektrischer Kilowattstunde entstehen. Bei den so genannten erneuerbaren Energien entsteht im Vergleich dazu wesentlich weniger CO_2, insgesamt gerade einmal 10 % im Vergleich zu den anderen drei Energien.

Aufgabe 2 / Seite 150

Zunächst muss man sich bei einer Versprachlichung darüber im Klaren sein, in welche Reihenfolge man die Informationen in seiner Inhaltsangabe bringt. In dem ersten Diagramm ist das noch relativ einfach, weil man sich an die vorgegebene Chronologie halten kann. Schwierig ist dabei aber bereits die Entscheidung, ob man die Unterteilungen in die Bereiche gleich mit berücksichtigt, wie im Beispieltext geschehen, oder ob man diese Bereiche in einem zweiten Teil betrachtet. Dadurch würde der Text sicherlich noch ausführlicher, einiges müsste wiederholt werden, vielen Schüler liegt aber diese Aufteilung eher. Das im Überblick Erfassbare muss also nacheinander beschrieben werden, wobei man sich auf das Wichtigste konzentrieren sollte. Sicher könnte man die Inhaltsangabe noch kürzer fassen.
Bei dem Tortendiagramm besteht die Kunst des Zusammenfassens darin, wirklich nur die wichtigsten Ergebnisse herauszuziehen. Hierbei bietet sich die Vorgangsweise „vom Großen zum Kleinen" an. Wichtig ist hier auch der Einsatz von Sammelbegriffen, damit man bei der Feststellung des Ergebnisses sich nicht in Details verliert. Auch die Angabe von konkreten Zahlen erscheint hier nicht sinnvoll.
Ein weiteres sprachliches Problem stellt häufig das Vermeiden von Wortwiederholungen dar; zu bedenken ist hier, ob Begriffe wie „Energieverbrauch" und „Energiebedarf" wirklich synonym zu verwenden sind – eine Diskussion hierüber wäre sicherlich ein Gewinn für die Entwicklung des Sprachgefühls. Auch die Variationen und der sinnvolle Einsatz von Satzverknüpfungen kann hierbei noch einmal wiederholt und intensiviert werden. Als letztes wäre noch zu erwähnen, dass der Einsatz von

Fachbegriffen schon ein gewisses Hintergrundwissen voraussetzt, das eventuell durch die Lehrkräfte aus den entsprechenden Fachrichtungen gesichert werden könnte.

Aufgabe 3 / Seite 150

Beim Treibhauseffekt im Gleichgewichtszustand entspricht die Gesamtfläche der Pfeile, die die abstrahlende Wärme symbolisieren, der Fläche der Pfeile, die die reflektierte, also in der Atmosphäre verbleibende Wärme darstellen sollen. Bei der Erderwärmung ist diese zuletzt genannte Fläche deutlich größer.
Das vom Menschen zusätzlich in die Erdatmosphäre gebrachte CO_2 lässt also nicht mehr so viel Wärme entweichen, wodurch sich die Erde nicht mehr in den als ideal anzunehmenden Gleichgewichtszustand befindet und somit insgesamt erwärmt.

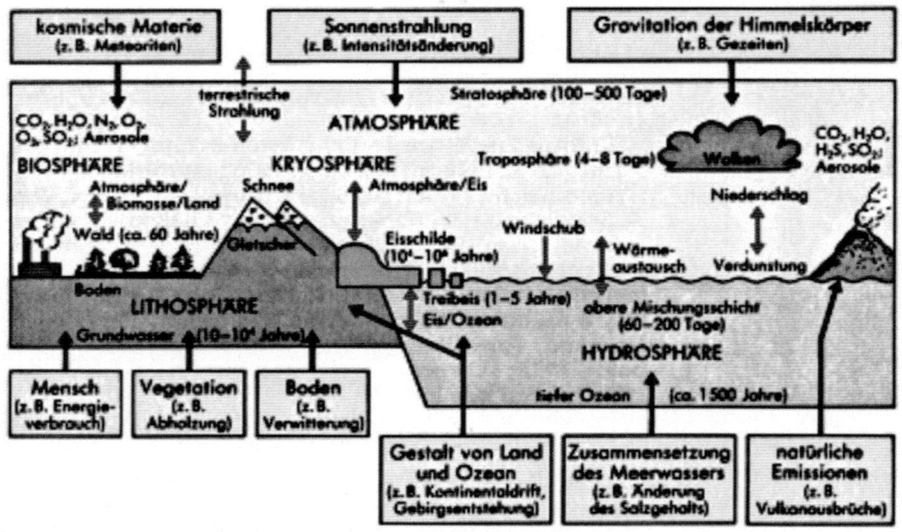

Klima: Schematische Darstellung des Klimasystems mit den Teilsystemen Atmosphäre, Hydrosphäre, Kryosphäre, Lithosphäre und Biosphäre; die Doppelpfeile sind Beispiele interner Wechselwirkungen innerhalb des Klimasystems; die äußeren Kästchen mit den einfachen Pfeilen sind Beispiele externer Einflüsse auf das Klimasystem; die Zeitangaben beziehen sich auf die durchschnittliche Verweildauer der Teilchen

Zur Vertiefung dieser Lerneinheit können noch folgende Aufgaben bearbeitet werden:

1. Dieses Schaubild zeigt, wodurch das Klima auf der Erde bestimmt wird.
   Schreibe, ausgehend von diesem Schaubild, einen Artikel, wie er in der Schülerzeitung stehen könnte. Berücksichtige dabei, dass er auch für jemanden verständlich sein muss, der das Schaubild nicht vor Augen hat. Wenn du noch zusätzliche Informationen benötigst, kannst du sie entweder im Lesebuchteil finden oder musst in einem Lexikon nachschlagen. Auch deine Biologie- oder Chemielehrkraft müsste dir bei einzelnen Fragen weiterhelfen können. An folgender Gliederung kannst du dich orientieren:

A Das Klima auf der Erde
B Anteile der verschiedenen Sphären
I Atmosphäre
II Hydrosphäre
III Kyrosphäre
IV Litosphäre und Biosphäre
1. Natürlicher Treibhauseffekt
2. Vom Menschen verursachter Treibhauseffekt
C Schlussfolgerung für die Menschheit

2. Zur Überarbeitung der Texte könnt ihr,
   als Vorstufe einer Redaktionssitzung, eine Schreibrunde bilden:

   a) Ihr nehmt die Sitzordnung wie abgebildet ein.

b) Jeder legt zu seinem Artikel einen Empfehlungszettel nach neben stehendem Muster vor sich auf den Tisch.
c) Beim Platzwechsel in Pfeilrichtung lasst ihr immer Artikel und Empfehlungszettel liegen und überarbeitet anschließend den dann vor euch liegenden Text des Mitschülers etwa 10 Minuten lang.
d) Nach zwei weiteren Platzwechseln seid ihr wieder bei eurem eigenen Artikel angelangt und könnt die auf dem Empfehlungszettel stehenden Überarbeitungsvorschläge einarbeiten.

Für die Verbesserungsvorschläge könntet ihr die Artikel u. a. nach folgenden Ansatzpunkten untersuchen:
- Werden die Fachbegriffe richtig verwendet?
- Treten Wortwiederholungen auf, die sich vermeiden lassen?
- Stellen die Übergänge von einem Gliederungspunkt zum nächsten sinnvolle Verknüpfungen dar? Überprüfe dies mit Hilfe dieses Wortspeichers:

während, als, wie, nachdem, sobald, bevor, seit, bis; wenn, falls; weil, da; (so)dass; damit, um ... zu; obwohl, obgleich, auch wenn; indem, dadurch, dass ...; aber, zwar ... aber, sondern doch, jedoch; da(bei), dann, danach, darauf, seitdem, bis dann; denn, also, deshalb, darum, deswegen; also, infolgedessen, folglich, somit; dazu, dafür; dennoch, trotzdem, immerhin, doch, jedoch; so, damit;

- Bleibt der Artikel sachlich oder sind bereits Meinungen oder Ansichten des Autors erkennbar?

3. Lies den Artikel „Ideallösung“ im Lesebuchteil und stelle diese Ideallösung (Absatz 3) in einem Schaubild dar. Verwende dabei Pfeile und Symbole.

Empfehlungen

Verfasser des Textes:______________

Grundsätzlich hat mir gut gefallen, dass

____

____

____

____

Als Verbesserung rate ich dir,

1. Überarbeiter/in	2. Überarbeiter/in

Rechtschreibung, Zeichensetzung und Grammatik eigener Texte überarbeiten

Aufgabe 1 / Seite 151

Das (dieses) Problem, **das** (welches) du schilderst, ist doch gar nicht so schwierig. **Dass** du **das** (dieses) nicht verstehst, **das** (dieses) hätte ich nicht gedacht.

Faustregel: Kann „das“ durch „dieses“ oder „welches“ ersetzt werden, wird es mit einfachem „s“ geschrieben. Der Ersatz funktioniert dann, wenn „das“ eine der folgenden Wortarten ist: Artikel, Relativpronomen, Demonstrativpronomen. „Dass“ mit Doppel-s ist immer eine Konjunktion.

Aufgabe 2 / Seite 152

Z. 3: das, Z. 6: dass, Z. 8: das, Z. 9: Das, Z. 12: Das, Z. 14: das – dass, Z. 15: dass, Z. 17: dass – das – das.

Aufgabe 3 / Seite 152

„Ich gehe davon aus, dass ...“

Aufgabe 1 / Seite 152

Strategie 1: Wort verlängern, Strategie 2: nach dem Wortstamm fragen, Strategie 3: Superlativ auf die Normalform zurückführen.

Aufgabe 2 / Seite 152/153

Unzählig, menschlich, spannendste, offenste, Entschädigung, Entgegnung, Endergebnis, Entdeckung, hoffentlich, empfindlich, eilig, artig, gänzlich, erfahrenste, beeindruckendste, schonendste, Entgelt, Enthüllung, Endspurt, wesentlich, schändlich, windig

Aufgabe 1 / Seite 153 (oben)

Pürieren/pulverisieren: Zu Püree/Pulver machen. *Substantivieren/nominalisieren:* Zu einem Substantiv/Nomen machen.

Aufgabe 2 / Seite 153

Substantivierung/Nominalisierung eines Adjektivs (schön).
– Substantivierung/Nominalisierung eines Verbs (*lesen*).
Regel: Die Verwendung eines Artikels ist möglich.

Aufgabe 3 / Seite 153

Es handelt sich um ein Adjektiv, das als Beifügung zu einem vorangehenden Substantiv fungiert. Das Gleiche gilt auch, wenn das Substantiv folgt, z. B.: *Sie war die aufmerksamste unter allen Zuhörerinnen.*

Aufgabe 4 / Seite 153

s. Kopiervorlage S. 81
Ich werde warten. Das lange Warten macht mich nervös. Ich bin vom Warten schon ganz müde. Er hatte keine Zeit mehr zum Nachdenken, denn es begann schon zu blitzen. Alles Arbeiten war umsonst gewesen, denn die Schnecken hatten nichts Essbares übrig gelassen. Der Ferienjob war nicht gerade anstrengend, zumal nichts Aufregendes in der Firma passierte. Durch Üben wirst du eines Tages Großes leisten können. Ständig dachte er an die nächste Klassenarbeit, denn die letzte war nicht gut ausgefallen. Soll ich die blauen, die roten oder die grünen Strümpfe kaufen? Viele Touristen waren im Ort, darunter etliche englische. Das Englische hat viele Wörter aus dem Lateinischen übernommen.

Aufgabe 1 / Seite 153 (unten)

– *... sofern es die Eltern erlauben ...* Nebensatz mit Konjunktion
– *... auf England gespannt ...* Partizipialsatz
– *... ohne lang zu fragen ...* Infinitivsatz
– *... die schwach in Englisch ist ...* Relativsatz
– *... ihrem letzten Schuljahr ...* Apposition

Aufgabe 2 / Seite 154 (oben)

s. Kopiervorlage S. 82
Ein verschwenderischer junger Mann, der seinen elterlichen Besitz durchgebracht hatte, besaß nur noch einen Mantel. Der Jüngling, als er nun früh im Jahr eine Schwalbe singend zurückkehren sah, dachte, es sei schon Sommer, und in der Vorstellung, er brauche den Mantel nicht mehr, verkaufte er ihn. Der Winter aber, noch lange nicht vorbei, kam zurück. Die Kälte kroch dem Jüngling arg in die Glieder, was niemand verwundern wird, und setzte auch der armen Schwalbe zu, die klein, wie sie war, im eisigen Wind starb. Der junge Mann, der die Schwalbe tot liegen sah, aber sagte: Geschieht dir Recht, wo du mich doch ruiniert hast. Ein besonnener Mann, der vorbeikam, bemerkte nur trocken: Eine Schwalbe, auch wenn sie noch so schön zwitschert, macht noch keinen Sommer. (Nach Äsop)

Aufgabe 1 / Seite 154

- Wörtliche Rede
- Gedanke
- Wörtlich zitierte Textstelle
- Aufzählung

Aufgabe 2 / Seite 154

Das vorher Gesagte wird nach dem Doppelpunkt zusammengefasst bzw. eine Schlussfolgerung wird gezogen. Vgl. Merkasten S. 154/155

Aufgabe 3 / Seite 154

Vgl. Merkkasten S. 155

Aufgabe 4 / Seite 155

- Die Definition von Globalisierung lautet: Unter Globalisierung versteht man ...

- Die Folgen der Globalisierung sind unter anderem: wenige dominierende ...
- Es gibt auch negative Aspekte bei der Globalisierung: Diese hat einen ...
- Deshalb werden immer öfter folgende Forderungen gestellt: genaue Berücksichtigung ...
- Es werden mittlerweilen auch kritische Stimmen laut, die behaupten: „Bei der Globalisierung gibt es nicht nur Gewinner, sondern auch Verlierer."
- Das kann nicht überraschen: Denn in einer Zeit ...
- Dagegen halten die Befürworter der Globalisierung: „Mehr Handel bedeutet auch immer mehr Einkommen für alle."

Aufgabe 2 / Seite 155f.

Der Ergänzungsstrich steht für einen Wortbestandteil (hier *-gang*), *Ein- und Ausgang* bedeutet *Eingang* und *Ausgang*; *Balkon-*, *Garten- und Campingmöbel*: Ergänzungsstrich steht für Wortbestandteil *-möbel*; *Kernkraftbefürworter* und *-kritiker*: Ergänzungsstrich steht für *Kernkraft-*; *Textilgroß-* und *-einzelhandel*: Ergänzungsstrich steht sowohl für *handel* als auch für *Textil*, also *Textilgroßhandel* und *Textileinzelhandel*.

Aufgabe 4 / Seite 156

Hier handelt es sich um Gedankenstriche, vgl. Merkkasten S. 156.

Aufgabe 6 / Seite 157

s. Kopiervorlage S. 83

- Datenspeicher auf Weltreise: An der Globalisierung einer modernen PC-Festplatte sind mehrere Kontinente beteiligt.
- Wenn Festplatten bei ihren neuen Besitzern eintreffen, haben sie bereits eine Weltreise hinter sich.
- Sie beginnt in einem Entwicklungszentrum z.B. in Silicon Valley, Kalifornien,
- Die so genannten Wafer –/, der computersprachliche Fachbegriff für sehr dünne Siliziumscheiben –/, werden dann in Nordirland hergestellt.
- Diese Scheiben, die kleiner sind als jedes Staubkorn, weswegen die Arbeiter Schutzanzüge tragen müssen, werden poliert.
- An jedem Tag verlassen fünf bis sieben Wafer –/ (*nichts*) mit jeweils dreißig- bis vierzigtausend Schreib-Lese-Köpfen –/ (*nichts*) die Fabrik Richtung Asien.
- Beispielsweise in Penang (Malaysia) und Korat (Thailand) werden die Köpfe aus den Wafern herausgeschnitten und anschließend auf kleine Metallarme montiert.
- In Thailand und China bauen Angestellte mehrere Arme in Maßarbeit so zusammen, dass sie zwischen die Scheiben einer Festplatte passen.
- Auch der Weg der zweiten wichtigen Einheit, der eigentlichen Speicherplatten, beginnt in Nordirland: Dort gibt es eine weitere Fabrik, wo die Scheiben für die magnetische Beschichtung vorbereitet werden.
- Dort sagt der Fabrikleiter im Hinblick auf die bestehenden Religionskonflikte: „Wir achten bei jeder Einstellung darauf, dass sich das Gleichgewicht von Katholiken und Protestanten nicht verschiebt."
- Von anderen Zulieferern,/– etwa aus Japan,/– stammen kreisrunde, mit Nickel überzogene Aluminiumscheiben, einem korrosionsbeständigen Metall.
- Da die Scheiben absolut eben sein müssen, werden sie so lange poliert, bis die Unebenheiten gerade einmal einen Nanometer (Millionstel Millimeter) ausmachen.
- Die fertigen Scheiben gehen ebenso wie die fertigen Schreib-Lese-Köpfe zur Endmontage nach Singapur, Thailand oder China – dorthin gelangen auch die restlichen Komponenten, wie z. B. die Antriebsmotoren oder die Steuerelektronik.

Aufgabe 1 / Seite 158 (oben)

Richtig heißen die Sätze:
Es kommen der Mann und seine Frau.
Es kommt der Mann oder seine Frau.
Die Menge ungelöster Zukunftsprobleme beschäftigt unsere Politiker.
Was die Zukunft angeht, ist schon eine riesige Menge von Büchern geschrieben worden.
Die Regel ist dem Glossar zu entnehmen. Entscheidend ist, dass die Schüler lernen, das Subjekt korrekt zu bestimmen. Im ersten Satz ist „der Mann und seine Frau" (Plural) Subjekt, nicht „Es" (Singular). Es empfiehlt sich, nach dem Muster des Lateinischen den Satz „abzufragen".

Aufgabe 2 / Seite 158

s. Kopiervorlage S. 84

- In den Büchern wird eine ganze Reihe hochaktueller Themen behandelt.
- Mit Bergen von Geröll wird ein Heer von Hilfskräften noch lang zu tun haben.
- Die Regierungschefin und ihre Mitarbeiterin trafen pünktlich am Flughafen ein.
- Die Regierungschefin mit ihrer Mitarbeiterin traf pünktlich am Flughafen ein.
- Wird ein Politiker aus dem Norden oder einer aus dem Süden das Land regieren?
- Nicht die verkehrstechnische, sondern die ökologische Katastrophe muss uns besorgt machen.

Aufgabe 1 / Seite 158 (unten)

a) Wirkung: ähnlich dem Originalsatz; Bedeutung: fast gleich; Grammatik: richtig
a) Wirkung: Aufmerksamkeit wird darauf gelenkt, was Englisch ist; Bedeutung: verändert; Grammatik: richtig
b) Bedeutung und Grammatik: falsch, da es die Formulierung „englisch funktionierend" nicht gibt.
c) Grammatik: falsch, richtig müsste es heißen: ... weil sie weltweit funktioniert. Die Bedeutung kommt – in beiden Fällen – dem Original sehr nahe.
d) Grammatik: völlig falsch. Eine Bedeutung ist dem Satz nicht mehr zu entnehmen.

Aufgabe 2 / Seite 159

a) Sinn gleich, sprachlich nicht so flüssig.
b) Sinn gleich, Sprache in Ordnung.
c) Sinn gleich, Sprache in Ordnung.
d) Sinn gleich, Sprache in Ordnung.
e) Sinn falsch, obgleich syntaktisch korrekt.

Überprüfen und Sichern

Aufgabe 1 / Seite 160

Individuelle Lösungen, einige Lösungsansätze:

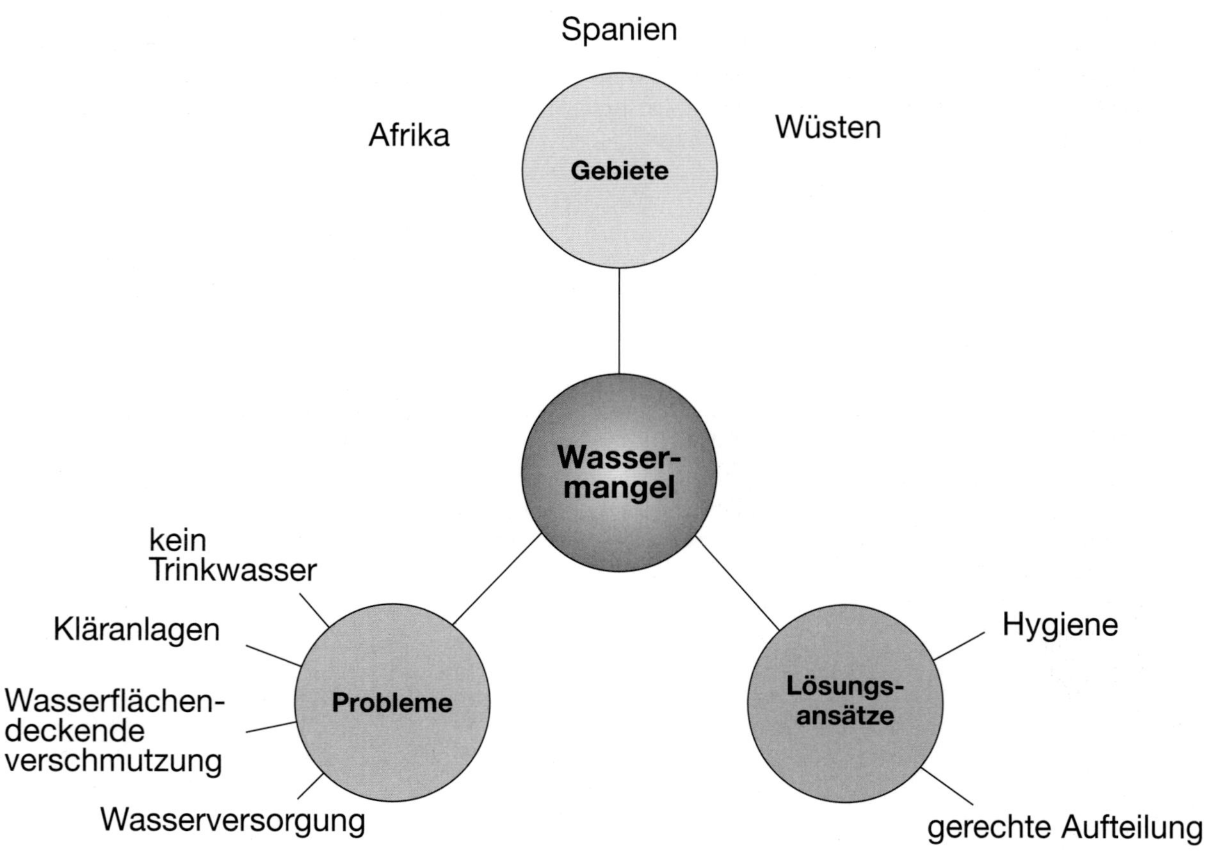

Aufgabe 3 / Seite 162

- integriertes Wassermanagement: Maßnahmen, die vielfältige das Wasser betreffende Faktoren einbinden und berücksichtigen
- wasserrelevante Sektoren koordiniert: Alle Teilbereiche, die für das Wasser von Bedeutung sind bzw. sich darauf auswirken, müssen aufeinander abgestimmt werden
- inkompatible Nutzungsansprüche: Anrechte in Bezug auf die Wasserverwendung, die nicht miteinander vereinbar sind.
- aquatische und terrestrische Ökosysteme: Lebensräume im Wasser und auf der Erde
- Dekade des Wassers: das Jahrzehnt, das dem Wasser und den damit verbundenen Problemen, aber auch Lösungen gewidmet ist
- Millenniumsziele: Ziele, die auf dem Zweiten Weltwasserforum in Den Haag im Jahr 2000 formuliert wurden
- Sanierung der Wasserleitungssysteme (Z. 103): Erneuerung / Reparatur / Wiederherstellung des Netzes von Wasserleitungen
- Einsparpotential: Möglichkeiten zur Einsparung
- Leckage (Titel der zweiten Tabelle): Versickerung bzw. Wasserverlust
- informelle Siedlungen wie Slums und Favelas: ungeplante und z. T. ungenehmigte Siedlungen, durch Armut und schlechte Bausubstanz gekennzeichnet; Slums: oft am Stadtrand gelegene Elends- und Armenviertel; Favelas: Armenviertel in Brasilien

Aufgabe 4 / Seite 162

In dem Sachtext „Wege aus der Krise – die globale Wasserpolitik", der 2007 veröffentlicht wurde, geht es um Ursachen, Folgen und Lösungsansätze des weltweiten Wassermangels aus politischer Sicht.

Aufgabe 5 / Seite 162

Hier soll das Detailverständnis überprüft werden. Die Lehrkraft sollte darauf Acht geben, dass keine „überflüssigen" Fragen, wie z. B. nach Jahreszahlen, gestellt werden.

Aufgabe 6 / Seite 162

Z. 1–5: Merkmale der Wasserkrise
Z. 6–20: Die Wasserpolitik und ihre Ziele
Z. 21–45: Integriertes Wassermanagement
Z. 46–52: Nachhaltige Entwicklung
Z. 53–66: Internationales Fluss- und Gewässermanagement
Z. 67–79: Ziele des Zweiten Weltwasserforums und die Kosten dafür
Z. 80–116: Wege zur Sicherstellung der Wasserversorgung

Es gibt neun Flüsse bzw. Seen, die an acht oder mehr Anrainerstaaten liegen. Mehr als die Hälfte hat acht oder neun Nachbarn. Die Donau weist mit 19 Ländern die höchste Anzahl auf. Nur zwei der Gewässer liegen in Europa.

Aufgabe 8 / Seite 162

Schlussfolgerung	**richtig**	**falsch**
Für die Gewässer mit mehr Anrainerstaaten ergeben sich größere Probleme beim Wassermanagement.	**X** evtl. Ausnahme: Donau, da in Europa kein so großer Wassermangel	
Die Gewässer, die in Europa liegen, haben mehr Nutzungskonflikte.		**X** da kein so großer Wassermangel

Aufgabe 9 / Seite 163

	richtig	falsch	nicht enthalten
In nichteuropäischen Ländern gibt es niedrigere Wasserverluste.		X	
Albanien verliert mehr als doppelt so viel Wasser wie Nairobi.		X	
Johannesburgs Leckagen haben sich in den letzten zehn Jahren verdreifacht.			X
Kenia weist eine Fehlmenge von 40 % auf.		X	
Jordanien verliert landesweit 8 % mehr als Johannesburg – gemessen am jeweils eigenen Gesamtwasser-volumen.	X		
In Kopenhagen erreicht die meisten Menschen sauberes Trinkwasser.			X
Während Jordanien und Albanien landesweit betrachtet werden, beziehen sich die Daten der anderen Länder auf einzelne Städte.	X		

Aufgabe 11 / Seite 163

- *Das das Wassermanagment funktioniert muss noch einiges in die Tat umgesetzt werden.*
  Das**s**/ Damit das Wassermanag**e**ment funktioniert**,** muss noch **einiges** in die Tat umgesetzt werden.

- *Der Text handelt über Wasserknappheit und dessen Folgen.*
  Der **Sachtext/ Bericht** handelt **von** der weltweiten Wasserknappheit und **ihren** Folgen.

- *Ein Management-System sollte bestenfalls ein ganzes Wassereinzugssystem betreffen, wozu folgendes beachtet werden muß.*
  Ein **Managementsystem** sollte bestenfalls ein ganzes Wassereinzugssystem betreffen, **wobei** **F**olgendes beachtet werden mu**ss:**

- *Die UNO setzte sich die Verbesserung der Wasserversorgung vor über 30 Jahren zum Ziel. Heute verfolgt die UNO umfassendere Vorstellungen wie z. B. die Sicherstellung einer nachhaltigen Entwicklung der Wassernutzung.*
  Die UNO **hat** sich die Verbesserung der Wasserversorgung vor über 30 Jahren zum Ziel **gesetzt**. Heute verfolgt **sie/diese Organisation** umfassendere Vorstellungen**,** wie z. B. die Sicherstellung einer nachhaltigen Entwicklung der Wassernutzung.

- *Meiner Einschätzung nach sind die genannten Ziele völlig unerfüllbar.*
  Die eigene Meinung darf in einer Inhaltsangabe nicht genannt werden.

- *Wegen dem erhöhten Wasserverbrauch ist eine Wassermengenregelung und andere Bestimmungen nötig um Nutzungskonflikte zu vermeiden.*
  Wegen de**s** erhöhten Wasserverbrauch**s** **sind** eine Wassermengenregelung und andere Bestimmungen nötig**,** um Nutzungskonflikte zu vermeiden.

Weiteres Material:

Folgende Abbildungen können im gleichen thematischen Zusammenhang ebenfalls analysiert werden:

Abbildung 1:

Der angegebene Verbrauch von 127 Litern Wasser pro Kopf und Tag in Deutschland teilt sich wie folgt auf:

Baden, Duschen, Körperpflege	ca. 46 Liter
Toilettenspülung	ca. 34 Liter
Wäschewaschen	ca. 15 Liter
Geschirrspülen	ca. 8 Liter
Raum-, Auto- und Gartenreinigung	ca. 8 Liter
Trinken und Kochen	ca. 5 Liter
Kleingewerbe	ca. 11 Liter

Quelle: http://www.km.bayern.de/blz/web/700207/2.asp

Abbildung 2:

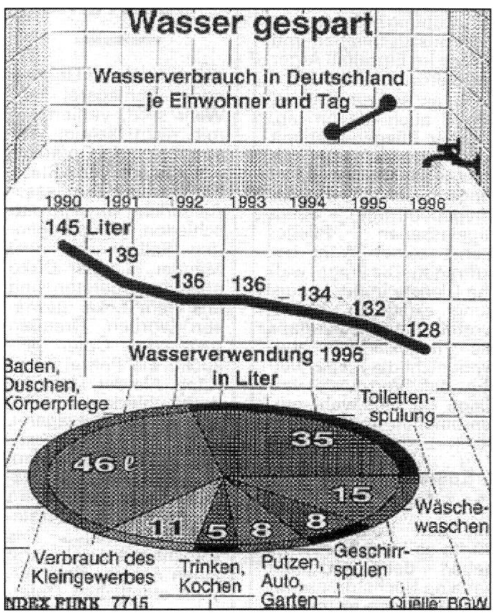

http://www.hs-zigr.de/~bgriebel/dsh2.html

Abbildung 3:

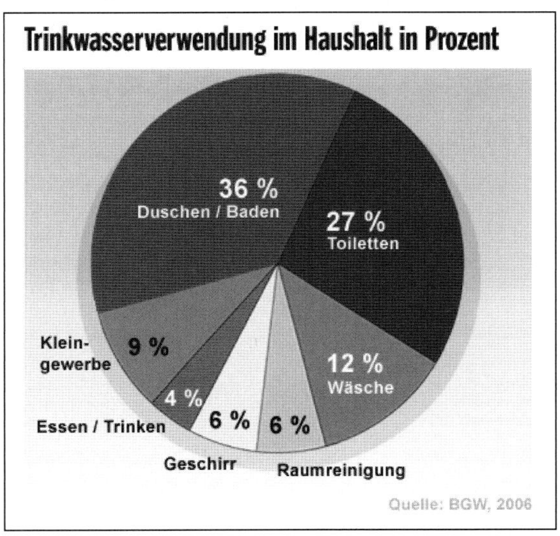

http://www.spiegel.de/img/0,1020,876894,00.jpg

Vergleich von Abb. 1, 2 und 3 möglich

Abbildung 4:

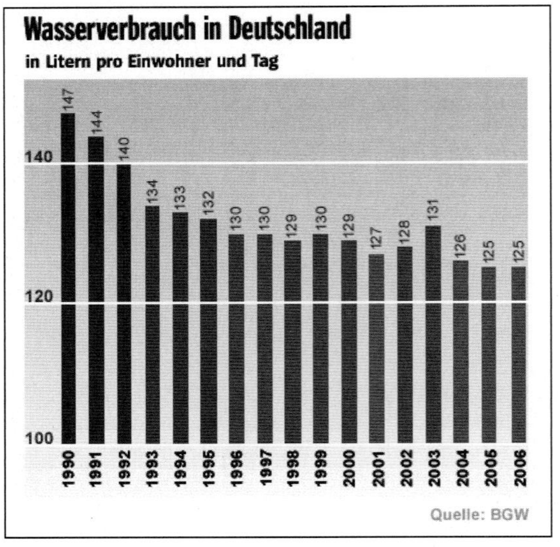

http://www.spiegel.de/fotostrecke/fotostrecke-21846-2.html

Zusatzmaterial

Für weitere Texte wird die Anschaffung der Bücher von Newth und Eschbach empfohlen.
Passend zum Kapitelthema finden Sie folgende Texte als Kopiervorlagen ab S. 81 in diesem Band und als Datei auf der beiliegenden CD-ROM.

Kopiervorlage

Zu Aufgabe 4 / Seite 153

Entscheide: Groß- oder Kleinschreibung?

Ich werde (w/W)arten. Das lange (w/W)arten macht mich nervös. Ich bin vom (w/W)arten schon ganz müde. Er hatte keine Zeit mehr zum (n/N)achdenken, denn es begann schon zu (b/B)litzen. Alles (a/A)rbeiten war umsonst gewesen, denn die Schnecken hatten nichts (e/E)ssbares übrig gelassen. Der Ferienjob war nicht gerade (a/A)nstrengend, zumal nichts (a/A)ufregendes in der Firma passierte. Durch (ü/Ü)ben wirst du eines Tages (g/G)roßes leisten können. Ständig dachte er an die (n/N)ächste Klassenarbeit, denn die (l/L)etzte war nicht gut ausgefallen. Soll ich die (b/B)lauen, die (r/R)oten oder die (g/G)rünen Strümpfe kaufen? Viele Touristen waren im Ort, darunter etliche (e/E)nglische. Das (e/E)nglische hat viele Wörter aus dem (l/L)ateinischen übernommen.

Kopiervorlage

Zu Aufgabe 2 / Seite 154

Setze die Kommas

Ein verschwenderischer junger Mann der seinen elterlichen Besitz durchgebracht hatte besaß nur noch einen Mantel. Der Jüngling als er nun früh im Jahr eine Schwalbe singend zurückkehren sah dachte es sei schon Sommer und in der Vorstellung er brauche den Mantel nicht mehr verkaufte er ihn. Der Winter aber noch lange nicht vorbei kam zurück. Die Kälte kroch dem Jüngling arg in die Glieder was niemand verwundern wird und setzte auch der armen Schwalbe zu die klein wie sie war im eisigen Wind starb. Der junge Mann der die Schwalbe tot liegen sah aber sagte: Geschieht dir Recht, wo du mich doch ruiniert hast. Ein besonnener Mann der vorbeikam bemerkte nur trocken: Eine Schwalbe auch wenn sie noch so schön zwitschert macht noch keinen Sommer. (Nach Äsop)

Kopiervorlage

Zu Aufgabe 6 / Seite 157

- Datenspeicher auf Weltreise_ An der Globalisierung einer modernen PC-Festplatte sind mehrere Kontinente beteiligt.
- Wenn Festplatten bei ihren neuen Besitzern eintreffen_ haben sie bereits eine Weltreise hinter sich.
- Sie beginnt in einem Entwicklungszentrum z. B. in Silicon Valley_ Kalifornien.
- Die so genannten Wafer_ der computersprachliche Fachbegriff für sehr dünne Siliziumscheiben_ werden dann in Nordirland hergestellt.
- Diese Scheiben_ die kleiner sind als jedes Staubkorn_ weswegen die Arbeiter Schutzanzüge tragen müssen_ werden poliert.
- An jedem Tag verlassen fünf bis sieben Wafer_ mit jeweils dreißig_ bis vierzigtausend Schreib_ Lese_ Köpfen_ die Fabrik Richtung Asien.
- Beispielsweise in Penang_ Malaysia_ und Korat_ Thailand_ werden die Köpfe aus den Wafern herausgeschnitten und anschließend auf kleine Metallarme montiert.
- In Thailand und China bauen Angestellte mehrere Arme in Maßarbeit so zusammen_ dass sie zwischen die Scheiben einer Festplatte passen.
- Auch der Weg der zweiten wichtigen Einheit_ der eigentlichen Speicherplatten beginnt in Nordirland_ Dort gibt es eine weitere Fabrik_ wo die Scheiben für die magnetische Beschichtung vorbereitet werden.
- Dort sagt der Fabrikleiter im Hinblick auf die bestehenden Religionskonflikte „Wir achten bei jeder Einstellung darauf_ dass sich das Gleichgewicht von Katholiken und Protestanten nicht verschiebt.“
- Von anderen Zulieferern_ etwa aus Japan_ stammen kreisrunde_ mit Nickel überzogene Aluminiumscheiben_ einem korrosionsbeständigen Metall.
- Da die Scheiben absolut eben sein müssen_ werden sie so lange poliert_ bis die Unebenheiten gerade einmal einen Nanometer__ Millionstel Millimeter ausmachen.
- Die fertigen Scheiben gehen ebenso wie die fertigen Schreib_ Lese_ Köpfe zur Endmontage nach Singapur_ Thailand oder China_ dorthin gelangen auch die restlichen Komponenten_ wie z. B. die Antriebsmotoren oder die Steuerelektronik.

Kopiervorlage

Zu Aufgabe 2 / Seite 158

Setze das Prädikat richtig ein:

- In den Büchern (wird/werden) ist eine ganze Reihe hochaktueller Themen behandelt.
- Mit Bergen von Geröll (wird/werden) ein Heer von Hilfskräften noch lang zu tun haben.
- Die Regierungschefin und ihre Mitarbeiterin (traf/trafen) pünktlich am Flughafen ein.
- Die Regierungschefin mit ihrer Mitarbeiterin (traf/trafen) pünktlich am Flughafen ein.
- (Wird/werden) ein Politiker aus dem Norden oder einer aus dem Süden das Land regieren?
- Nicht die verkehrstechnische, sondern die ökologische Katastrophe (müssen/muss) uns besorgt machen.

Gutes Klima?

Zur Konzeption des Kapitels

Thematisch geht es in diesem Kapitel darum, dass die Schüler dazu angeregt werden, sich mit der wohl größten Herausforderung des Menschen im 21. Jahrhundert auseinander zu setzen. Zur Sensibilisierung steht zu Beginn ein Gedicht von Hans Magnus Enzensberger. Der Text „Das Ende der Eulen", der sich ursprünglich auf die Kuba-Krise bezog, erhält durch den Klimawandel eine erstaunliche Aktualität. Gleichzeitig kann ein textnahes und detailgenaues Erschließungsverfahren geübt werden. Über die Karikatur Haitzingers wird der Übergang zu den journalistischen Textsorten Interview und Kommentar hergestellt. Den konkreten Texten ist inhaltlich gemein, dass sie das Individuum durchaus in die Verantwortung nehmen und nicht den pessimistischen Eindruck erwecken, man sei nur Opfer. Während in „Wege aus dem Energie-Irrsinn" ganz konkrete Möglichkeiten der Besserung aufgezeigt werden und ein durchaus optimistisches Bild gezeichnet wird, stellt „Hochwasser" ein anklagenderes Bild dar, das aber durchaus auch motivierend für den einzelnen sein kann.
Im Sprachbuchteil wird das Protokollieren, eine Schreibaufgabe, die den Schülern schon bekannt ist, wiederholt, vertieft und geübt. Unabhängig davon kann das letzte Unterkapitel bearbeitet werden, in dem es um das schriftliche Appellieren geht.

Lösungen zu den Aufgaben der Lesetexte

0 Hans Magnus Enzensberger, Das Ende der Eulen (S. 164) und Horst Haitzinger, Wer im Treibhaus sitzt ... (S. 165)

Aufgabe 1

Eule – nachtaktiv, Raubvogel, Unglücks- oder Todesvogel (Ägypten), der Athene beigegeben (Weisheit)
Butt – platt, Tarnung am Meeresboden, Speisefisch, Augen nebeneinander
Wal – riesig, sehr intelligent, Säugetiere, legt große Strecken zurück
Meer – Heimat der Fische und Wale
Gletscher – ewiges Eis, werden kleiner, auf Bergen und an den Polen
Rabe – Unglücksvogel, Rabeneltern, in der Bibel unreine Vögel, im Christentum Symbol für Ungläubige und Abtrünnige, Odins zwei Raben Hugin und Munin stehen für Gedanke und Erinnerung, sehr intelligent, anpassungsfähig, sprachfähig
Taube – Haustaube, Stadttaube, gute Läufer, Friedenstaube, Symbol für den Hl. Geist, Attribut vieler Heiliger, Attribut der Aphrodite (Zeichen für Fruchtbarkeit), intelligent und anpassungsfähig
Wälder – Heimat für Wild und Vögel, dunkel, kühl
Flechten – Überlebenskünstler, überall anzutreffen, anspruchslos, Symbiose aus Pilz und Alge (Doppelnatur)
Moor – unheimlich, Tod und Leben, feucht, weicher Untergrund
Gebirge – majestätisch, alt, kalt, steinig, bewaldet
Floridas Sümpfe – heiß, riesig, amerikanisch
sibirisches Eis – eisig, ewig (oder auch nicht), russisch
Otter – schnell, flink, lustig, bedrohte Tierart
Robben – schnell und geschickt im Wasser, eher unbeholfen an Land, dick, robust in kaltem Wasser.
Enzensberger hat hier allgemein sympathische Tiere (Wal, Otter, Robben) bzw. symbolbehaftete Tiere (Eule, Rabe) ausgewählt; allen wird aber vom Menschen eine besondere Intelligenz zugeschrieben; einzige Ausnahme stellt der Butt dar, der aber seine Anpassungsfähigkeit mit den anderen gemein hat.
Symbole:
Vor allem Eule und Rabe sind mythologisch als Symbole zu sehen und stehen damit schon sehr lange für menschliche Eigenschaften, die Enzensberger dem Menschen aber inzwischen abspricht. Auch „floridas sümpfe" (Z. 16) und „das sibirische eis" (Z. 17) müssen als Symbole für die jeweiligen Staaten gesehen werden, als pars pro toto.
Metaphern:
„dunkeln haus" (Z. 4) als Metapher für Meer(-heimat).
„kalben" (Z. 7), im ursprünglichen Sinn „ein Kalb gebären", im übertragenen Sinn „einen Teil eines Gletschers an das Meer bzw. an einen Binnensee abgeben" wird heute eher als bedrohlich empfunden, da damit ein Anstieg des Meeresspiegels konnotiert wird.
„gefiederten zeugen" (Z. 8), weiter unten „sprachlosen zeugen", als könnten sie von ihrer Bedrohung vor (dem Welt-)Gericht aussagen

„befingert“ (Z. 16), „erwürgt“ (Z. 18), „umzingelt“ (Z. 19) als personifizierte Einrichtungen des Menschen gegen die Natur
„mündelsichern Gefühle“ (Z. 26), Adjektiv dem Bankwesen entlehnt
„rostfreie Psalmen“ (Z. 27) stehen für überdauernde religiöse Botschaften, womöglich als vom Dichter positiv bewertete Errungenschaften des Menschen, die aber angesichts der Technokratie auch wieder unterlegen sind
„spurlose Tat“ (Z. 29), das Ideal eines Verbrechers oder die Tat, die keine Spur des Täters hinterlässt, wenn alles vernichtet ist

Leitmotiv

Als Leitmotiv kann sicher „Ende“ oder „Endzeit“ stehen, das durchgängig durch Begriffe und Wendungen bestärkt, variiert und wiederholt wird: ende (Z. 2), leeren (Z. 12), letzten Mal (Z. 14), tödlich (Z. 16), erwürgt (Z. 18), letzten manöver (Z. 20), ernstfall (Z. 22), waisen (Z. 24).

Aufgabe 2

<table>
<tr><th colspan="3">Strophe 1</th><th colspan="3">Strophe 2</th><th colspan="3">Strophe 3</th></tr>
<tr><td colspan="3">hypotaktischer Satzbau mit Aufzählung, die abhängig ist von einem Trägersatz („ich spreche von ... “)</td><td colspan="3">elliptischer Satzbau ohne Prädikat, statt dessen Aufzählung mit Partizipien</td><td colspan="3">hypotaktischer Satzbau mit Aufzählung, die abhängig ist von einem Trägersatz („ich spreche von ...“); zusätzlich lyrisches Wir und Imperativ („sorgt euch nicht ...“)</td></tr>
<tr><td>Substantive: Eulen, Butt, Wal, Haus, Meer, Gletscher, Rabe, Taube, Zeugen, Lüfte, Wälder, Flechten, Kies, Moor, Gebirge</td><td>Pers.-pron.: ich, sie</td><td>Partizipien: gefiederte</td><td>Substantive: Radarschirme, Mal, Meldetische, Antennen, Sümpfe, Eis, Tier, Schilf, Schiefer, Warnketten, Manöver, Feuerglocken, Ticken, Ernstfall</td><td>Pers.-pron.: –</td><td>Partizipien: leuchtend, ausgewertet, befingert, erwürgt, umzingelt, schwebend</td><td>Substantive: Waisen, Sinn, Gefühle, Ruhm, Psalme, Planer, Tat, Zeugen, Ottern, Robben, Eulen, Erde</td><td>Pers.-pron.: wir, euch, ich, mir,</td><td>Partizipien: vergessen</td></tr>
<tr><td colspan="3">nur Konkreta als Substantive, wenig Personalpronomen, „ich“ anaphorisch wiederholt</td><td colspan="3"></td><td colspan="3"></td></tr>
</table>

Aufgabe 3

Es wäre durchaus angebracht, an dieser Stelle die Grundprinzipien einer Bildbeschreibung noch einmal zu wiederholen. Auch die schriftliche Bildbeschreibung wäre hier eine gute Formulierungsübung für diese Jahrgangsstufe. Eine sich hier anbietende Vorgehensweise wäre z. B. die vom Vorder- über Mittel- zu Hintergrund.
Zunächst sieht man eine durchsichtige Kugel, die im Weltall schwebt. Die Linien auf dieser Kugel stellen wohl die Längen- und Breitengrade dar, wodurch eindeutig wird, dass hier die Erde symbolisch dargestellt werden soll. Auf der Kugel klebt noch ein Zettel mit der Aufschrift „VORSICHT GLAS!“ In dieser Kugel steht, fast zentral und das Gesicht dem Betrachter zugewandt, ein Mann mit Bart und Zylinder in einem Steinhaufen. Den linken Arm hat er nach vorne gestreckt und die Hand zur Faust geballt, um die Ausholbewegung der rechten Hand, in der er bedrohlich einen großen Stein hält, auszugleichen. Der Stein ist mit CO_2 beschriftet. Zwei weitere Personen halten je einen ebenso beschrifteten deutlich kleineren Stein in der Hand. Während die Frau, mit dem Rücken, auf dem EU steht, dem Betrachter zugewandt, um Ausgleich bemüht zu sein scheint, da sie den Stein nur seitlich hält, wirkt die Person mit dem asiatischen Gesicht, die etwas im Hintergrund zwischen der Frau und dem älteren Herrn steht, mit dem in der linken Hand erhobenen Stein ähnlich bedrohlich wie der Mann mit Zylinder. Rechts hinter diesem stehen noch zwei weitere Personen, ein Schwarzer sowie ein Mann mit Brille und Schnauzbart; beide blicken etwas eingeschüchtert auf die Szene.
Es ist unschwer zu erkennen, dass es sich bei dem älteren Mann mit Zylinder um „Uncle Sam“ handelt, mit dem in Karikaturen oft die USA personifiziert wird. Auch Europa wird gerne als Frau dargestellt, hier zur Verdeutlichung mit den Buchstaben EU auf dem Rücken versehen. Bei dem dritten Steinhalter dürfte es sich um Asien handeln. Die Steine stellen die Bedrohung der Welt durch den CO_2-Ausstoß der Industrieländer dar, das Gläserne die Verletzlichkeit der Natur. Während der Schwarze eindeutig als Afrikaner zu deuten ist, wird nicht ganz deutlich, wer der Herr mit Brille ist:

Steht er für Südamerika? Oder, durch die Brille angedeutet, für die Wissenschaftler, die nicht ernst genug genommen werden?
Diskutierenswert ist an dieser Stelle auch die Sichtweise des Europäers Haitzinger: Ist Europa wirklich weniger bedrohlich? Kann sie wirklich, wie hier in der Karikatur angedeutet, die Glaskugel schützen, obwohl sie selbst einen bedeutenden Stein in der Hand hält? Warum werden die USA und Asien bedrohlicher dargestellt als Europa? Interessant dürfte hier sein, ob die Schüler überhaupt das Sprichwort, „Wer im Glashaus sitzt, soll nicht mit Steinen werfen", kennen und ob sie wissen, was ein Glashaus ist. Nur so kann dann auch das Wortspiel Haitzingers erkannt werden.

1 Interview – Wege aus dem Energie-Irrsinn (S. 166)

Aufgabe 1

Eine Textskizze zu einem Interview muss sich natürlich zu einer von einem anderen Text dadurch unterscheiden, dass das Hin und Her zwischen Interviewer und Interviewtem zumindest in der Skizze noch deutlich wird. Wie man dann in einem weiteren Schritt die Gelenkstellen verdeutlicht, bleibt dem Schreiber überlassen, abhängig von der Genauigkeit der Inhaltsangabe und dem Stilniveau des Schreibenden. Z. B.:

DIE ZEIT: *Wochenzeitschrift aus Hamburg*	**Symbole**	***Stephan Kohler*** *Geschäftsführer der Deutschen Energie-Agentur (Dena)* *Aufgabe: schonender Umgang mit Energie*
Umweltkommissar oder Klimaschützer	? →	Marketingmenschen für Energieeffizienz
Energie sparen und Klima schützen	← =	
	? →	ohne Verzicht zu empfinden, ohne zu frieren, ohne sich einzuschränken, kein Rückschritt, Energiesparen ist Fortschritt
weniger verbrauchen und trotzdem besser leben	← !	
	? →	Energieeffizienz als Markenartikel, jeder einzelne, persönliches Verhalten; dann Klimawandel nicht so gravierend
jeder Deutsche Energieäquivalent von rund 4500 Litern Rohöl – wie viel zu viel	← =	
	? →	50 Prozent wegsparen – ohne Verzicht. Wirtschaftlich 30 Prozent
Problem	← !	
	? →	Beispiel: Heizungspumpen größte Stromverbraucher, drehzahlgeregelte Pumpen, die 60 bis 70 Prozent weniger Strom, Mehrkosten amortisieren sich
Auto	← Bsp.	
	? →	Mobilität und Individualverkehr mit extrem guten Image; schwer dagegen anzukämpfen
schon kapituliert	← =	
	? →	keineswegs; bessere Technik und Autos intelligenter nutzen
Also weniger	← !	
	? → Bsp.	Verdoppelung der Transportleistung der Bahn kann **nur** jährlichen Zuwachs im Straßenverkehr auffangen; Prestigegehabe abgewöhnen; Autoindustrie für effizientere Fahrzeuge; Mieter keine Möglichkeit, ihre Wohnung wärmetechnisch zu sanieren; Vermieter ohne Anreiz;
	!	Es ist doch nicht verständlich, warum jeder die PS-Zahl und den Verbrauch seines Autos kennt, nicht aber den Energieverbrauch seiner Wohnung oder seines Hauses.

Aufgabe 2

Siehe den Sachbuchtext „Erneuerbare Energie: Perspektiven der Nutzung“, der als Kopiervorlage am Ende dieses Kapitels beigegeben ist. Der Begriff konventionelle Energie ist schwieriger zu definieren, da wir heute auch die Atomenergie in diese Energie-Kategorie einordnen, obwohl dies eigentlich nicht wissenschaftlichen Ansprüchen standhalten kann.

2 Rainer Burchardt, Hochwasser (S. 168)

Aufgabe 1

z. B.:
de.wikipedia.org/wiki/Elbehochwasser_2002
(aufgerufen am 22.03.2010)

Sinnvoll wäre hier eine Aufteilung der Arbeit auf Gruppen, sodass sich die einzelnen Gruppen mit den verschiedenen Flüssen (z. B. das Lech-Hochwasser im August 2005, das den Verkehr auf der A 8 im Norden Augsburgs zum Erliegen brachte) und den verschiedenen Hochwassern beschäftigen. Am Ende der Arbeit könnte entweder ein Wandplakat oder auch, in Zusammenarbeit mit dem Informatik-Unterricht, eine WEB-Seite zu diesem Thema stehen. Wichtig in diesem Zusammenhang ist zu erkennen, dass es sich nicht nur um ein Hochwasser handelt, auf das sich Burchardt in seinem Kommentar bezieht.

Aufgabe 2

Die Kernaussagen könnten folgendermaßen formuliert werden:
- Naturkatastrophen als Folgen von ökologischem Fehlverhalten der Menschen
- Forderung nach globaler Strategie
- Falscher Fatalismus angesichts Ozonloch und Erderwärmung
- Vorrang richtiger Ansätze (Kyoto-Protokoll) vor Wohlstandsinteressen
- Beseitigung der Folgen der Katastrophe noch keine Lösung

Über Sprache nachdenken

- *wetterwendisch:* launisch, unberechenbar, auch: opportunistisch (s. u.)
- *verhagelt:* verdorben
- *umwölkte Stirn:* sorgenvolle Miene
- *Eiszeit:* keine oder schlechte Beziehungen
- *Wirbelwind:* lebhaft und temperamentvoll
- *Geldregen:* große Menge
- *stürmisch:* sehr lebhaft
- *Platz an der Sonne:* gut leben, begünstigt sein
- *Fähnlein nach dem Wind hängen:* opportunistisch sich der je herrschenden Meinung anpassen
- *aus allen Wolken fallen:* völlig überrascht sein, plötzlich klar sehen
- *Wetterfahne:* opportunistisch sich der je herrschenden Meinung anpassen

Lösungen zu den Aufgaben im Sprachbuchteil

Protokollieren

Aufgabe 1 / Seite 170

Parlament: Die Argumentation einer Debatte z. B. im Bundestag gibt die politische Einstellung zu einer Entscheidung an, die u. U. für das ganze Volk von weitreichender Bedeutung ist. So kann man sich vorstellen, dass Bürger eines Wahlkreises durchaus wissen wollen, welche Stellung ihr Abgeordneter zu einem bestimmten Thema eingenommen hat, was sich dann auf dessen Wiederwahl auswirken kann.
Schülerdiskussion: Bei solchen Entscheidungen, ob ein Schulfasching stattfinden soll oder wie die nächsten Schul-T-Shirts aussehen könnten, ist nur das Ergebnis entscheidend und, hinsichtlich der Bedeutung des Ergebnisses, sein Zustandekommen nicht so wichtig. Geht es allerdings um die Planungen zur Mittagsverpflegung oder einen Mensa-Neubau, wäre durchaus ein genaueres Mitschreiben der Argumente sinnvoll, wenn diese dann von den Schülervertretern im Schulforum vorgetragen werden sollen.

Aufgabe 4 / Seite 171

A – 2, 3, 4, 8, 9
B – 1, 4, 5, 10
C – 7, 9
D – 6, 9
E – 6, 9

Aufgabe 5 / Seite 171

Mitschrift 1: Sehr unstrukturiert, sinnlose Abkürzungen, Aussagen einzelner Schüler: zusammenhanglos und unübersichtlich, Umgangssprache „passt voll“
Mitschrift 2: gut strukturiert, Stichpunkte, Symbole gut eingesetzt, sehr übersichtlich

Aufgabe 6 / Seite 172

Nach dem Unterrichtsgespräch über die beiden Mitschriften könnte noch eine Umfrage in der Klasse erfolgen, wer welche Mitschrift bevorzugen würde. Anschließend werden die Stellungnahmen zugeordnet: Lena und Klaus können wohl eher der Mitschrift 1, Anja und Nico eher der Mitschrift 2 zugeordnet werden.

Aufgabe 7 / Seite 173

+	=	?	!	↯
zusätzlich, hinzufügen	gleichbedeutend	fraglich, noch zu fragen	besonders wichtig	Achtung! Fehlergefahr
🕒	☺😐☹	ⓘ	📖	≈
zu kompliziertes Zeichen	im Protokoll wenig sinnvoll	wichtige Information	zu kompliziertes Zeichen	ungefähr
Ø	→	}	☝	↔
weglassen	Beziehung	Sammelbegriff ...	Ausrufezeichen	Wechsel-beziehung

Die grau gedruckten Zeichen können aus den jeweils darunter stehenden Gründen weggelassen werden. Zu weiteren Symbolen siehe auch S. 138 im Schülerband.

Aufgabe 8 / Seite 173

Hierbei ist es beim abschließenden Vergleich von Vorteil, wenn man sich auf für die Klasse einheitliche Zeichen verständigt. Historisch negativ konnotierte Abkürzungen wie SA und SS sollten nicht vorkommen, statt dessen StA für Stillarbeit und Ss oder S’er für Schüler stehen.

Aufgabe 1 / Seite 173 und Aufgabe 2 / Seite 174

Diese Aufgaben sollten noch einmal auf die häufigsten Fehler verweisen, die immer wieder von Schülern begangen werden. Auch wenn einige für Erheiterung sorgen könnten, so zeigen sie doch prinzipielle Quellen genau auf:

- Bereits im Kopf sollte der Schwerpunkt auf den Ergebnissen liegen, nicht auf Nebensächlichkeiten.
- Bei der Formulierung der Tagesordnungspunkte muss auf den Nominalstil und auf exakte Formulierungen wertgelegt werden. So ist z. B. „Arbeitsblatt“ kein Tagesordnungspunkt, sondern „Ausfüllen des Arbeitsblattes zum Thema Erderwärmung“. Auch TOP 4 müsste umformuliert werden, z. B. in „Individuelle Handlungsmöglichkeiten gegen Erderwärmung“.
- Eine Untergliederung der Tagesordnungspunkte macht nur Sinn, wenn es für einen TOP tatsächlich mehrere Aspekte zu berücksichtigen gibt und nicht, wie hier dargestellt, nur einen.
- Beim letzten TOP steht das Stellen der Hausaufgabe und nicht das Verabschieden im Vordergrund.

Aufgabe 1 / Seite 175

Prädikat	**Modus**	***infinite Form***	**Zeitstufe**
sei *angestiegen*	Konj.I	*Part. II*	Vergangenheit
zu brechen drohten	Indikativ	*Infinitiv*	Vergangenheit
würden *schrumpfen*	würde-Ersatzform (Konj.II von werden)	*Infinitiv*	Gegenwart
habe sich versechsfacht	Konj.I	*Part. II*	Vergangenheit
unternähmen	Konj.II	–	Gegenwart

Aufgabe 2 / Seite 175

Am Ende der Stunde stellt die Lehrkraft der Klasse die Hausaufgabe. Sie sagt, es sei wichtig, dass die Schüler bei den Sätzen auf den richtigen Modus achteten. Sie verlangt, dass die Hausaufgaben bis zum darauf folgenden Tag erledigt werden. Außerdem sei es wichtig, dass die Klasse das, was im letzten Jahr zum Konjunktiv gelernt worden sei, noch einmal wiederhole. Die Schülerin Erika Mustermann soll dazu ein paar Schulgrammatiken aus dem Nachbarklassenzimmer holen.

Aufgabe 3 / Seite 176

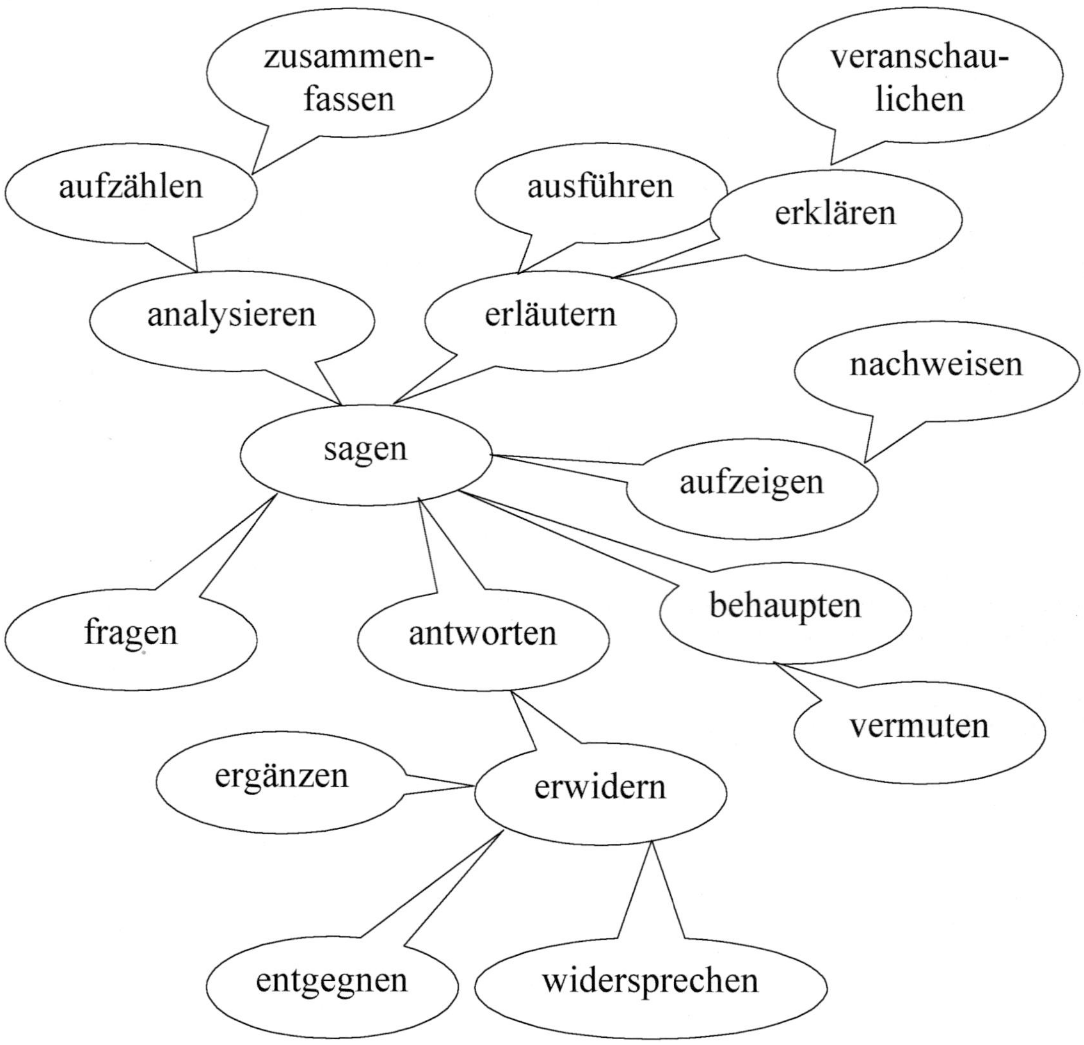

Aufgabe 4 / Seite 176

Diese Übung dient, dazu die unterschiedlichen Redeeinleitungen und die indirekte Rede zu üben. Die Schüler sollten aber darauf hingewiesen werden, dass so noch nicht unbedingt ein stilistisch guter Text entsteht. Man könnte also in weiteren Schritten für mehr Abwechslung sorgen, indem man einige Sätze zusammenfasst und dadurch v. a. die häufigen dass-Sätze vermeidet.

Prof. Molina stellt dar, dass das Ozon nicht nur für den blauen Himmel der Abenddämmerung sorge. Er fügt noch hinzu, dass es außer den roten und gelben Anteilen des Sonnenlichts auch noch eine besondere Art von Strahlen schlucke, die man nicht sehen könne: das ultraviolette oder UV-Licht. Der Professor warnt davor, wie gefährlich das UV für jedes Lebewesen sei. Er erklärt, dass man, wenn es zu lange auf die bloße Haut scheine, einen Sonnenbrand bekomme. Daraus folgert er, dass es für das gesamte Leben auf dem Planeten ungeheuer wichtig sei, dass die Ozonschicht überall dick genug sei und möglichst viele UV-Strahlen abfangen könne.
Der Gelehrte bedauert, dass die lebenswichtige Schutzschicht schon an vielen Stellen dünner geworden sei und sich über dem Südpol ein großes Loch gebildet habe. Molina erklärt, am Ozonloch seien bestimmte Stoffe Schuld, die das Ozon zerstörten. Er führt aus, dass dazu die so genannten Treibgasen gehörten, die in Spraydosen zum Versprühen von Haarspray oder Deo verwendet worden seien. Er erläutert, er habe eine Sorte von Stoffen, die besonders schädlich für die Ozonschicht sei, zusammen mit seinen Kollegen untersucht und dabei herausgefunden, wie sie das Ozon zerstört. Seitdem, so behauptet er, werde diese Sorte „Ozonkiller" in vielen Ländern nicht mehr verwendet. So hofft er, dass sich die Ozonschicht wieder erhole und ihre wichtige Aufgabe auch in Zukunft erfüllen könne: das Leben auf unserer Erde vor den tödlichen UV-Strahlen zu schützen. Er ergänzt, dass die Lebewesen selbst die Ozonschicht der Erde geschaffen hätten: Bakterien, Algen und andere Pflanzern hätten die Photosynthese erfunden, die noch genauer erklärt werde. Der Professor weist besonders darauf hin, dass die Atmosphäre durch die Photosynthese mit Sauerstoffteilchen angefüllt worden sei. Dabei sei, so fügt er hinzu, auch das Ozon entstanden, denn Ozon sei eine Form von Sauerstoff.

Aufgabe 5 / Seite 177

Warum ist es im Winter so kalt?
Könnt ihr flache Steine auf dem Wasser hüpfen lassen? Der Trick dabei ist, dass der Stein ganz flach auf die Wasseroberfläche trifft. Ist der Winkel zu steil, dann prallt der Stein nicht am Wasser ab, sondern plumpst hinein. Was das mit der Kälte im Winter zu tun hat? Eine ganze Menge. Denn so, wie wir den Stein werfen, so wirft die Sonne ihre Strahlen. Die Sonnenstrahlen sausen ungeheuer schnell durch das Weltall, einige davon in Richtung Erde. Sie durchdringen die Atmosphäre und kommen bei uns auf der Erdoberfläche an. Hier lassen es die Sonnenstrahlen aber nicht nur hell, sondern auch warm werden; an manchen Sommertagen sogar richtig heiß. Nun scheint ja auch an Wintertagen die Sonne, es bleibt aber trotzdem kalt. Hier sind wir wieder bei den Steinen. Es kommt darauf an, wie flach oder steil die Strahlen auf die Erdoberfläche treffen. Im Sommer knallen die Sonnenstrahlen beinahe senkrecht auf die Nordhalbkugel. So entfalten sie ihre ganze Energie und heizen alles auf. Im Winter hingegen treffen die Sonnenstrahlen dort flach auf und geben deshalb nur wenig Energie ab. Aus dem gleichen Grund ist es jeden Tag morgens und abends kälter als am Mittag. Denn mittags steht die Sonne höher am Himmel und die Strahlen kommen steiler auf der Erde an als morgens und abends, wenn die Sonne knapp über dem Horizont steht. Und je steiler die Sonnenstrahlen einfallen, desto wärmer wird es.

Aufgabe 6 / Seite 178

„Professor Molina erklärt die Wirkung der Sonneneinstrahlung zu verschiedenen Tages- bzw. Jahreszeiten mit dem Werfen von Steinen ins Wasser. Werfe man Steine flach auf das Wasser, sprängen diese einige Male auf der Wasseroberfläche auf. Senkrecht aufs Wasser auftreffende Steine dagegen versänken sofort darin. Ähnlich verhalte es sich mit Sonnenstrahlen: Im Winter sowie morgens und abends träfen Sonnenstrahlen flacher auf die Atmosphäre der Erde und gäben so weniger Energie an diese ab als im Sommer bzw. mittags, wenn sie wesentlich steiler in die Erdatmosphäre eindrängen."
Hier könnte man allerdings, wenn das Niveau der Lerngruppe entsprechend hoch ist, darüber diskutieren, ob die indirekte Rede wirklich immer im Konjunktiv angegeben werden muss, wenn es sich um belegbare Tatsachen handelt. In diesen Fällen müsste die Distanz des Schreibenden zu dem von jemand anderem Gesagten nicht unbedingt durch den Konjunktiv hergestellt werden:
„Professor Molina erklärt, dass die Sonnenstrahlen im Winter sowie morgens und abends flacher auf die Erdatmosphäre treffen und so weniger Energie abgeben als ... "

Aufgabe 2 / Seite 178

Natürlich ist es immer sinnvoller, wenn die Schüler als Wiederholung sich diese Liste selbst erstellen. Dennoch ist hier eine Möglichkeit abgedruckt, wie diese Checkliste aussehen könnte (siehe Kopiervorlage im Anhang).

Schriftlich appellieren

Aufgaben 1-3 / Seite 179

Wer appelliert, will jemanden zu einem bestimmten Verhalten bewegen. Dazu bedarf es eines reflektierten Adressatenbezugs. Der Appell muss auf die Zielgruppe abgestimmt sein, um diese zu erreichen und zwar vor allem bezüglich
- des erwartbaren Vorwissens
- des Lebensweltbezugs
- des Stils

Aber auch das Medium spielt eine Rolle, z. B. was den Umfang und die optische Gestaltung eines Appells angeht.
Bei den genannten vier Gruppen handelt es sich um solche, die die Schüler duzen (1 und 2) und solche, die sie siezen (3 und 4). Erwachsene und Schüler unterscheiden sich grundsätzlich hinsichtlich des Vorwissens und ihrer Lebenswelt, die sie mit ihrem Verhalten beeinflussen können. Innerhalb dieser beiden Gruppen sind jedoch auch Differenzierungen vorzunehmen: sicher zwischen den jüngeren Schülern und den gleichaltrigen Mitschülern, aber u. U. auch zwischen Eltern und Schulnachbarn, wenn die Gruppen differieren sollten.

Aufgabe 4 / Seite 179

Aushang 1:
Stärken: Übersichtlichkeit und Kürze, der Jugendjargon ist für die Zielgruppe grundsätzlich passend.
Schwächen: herablassender Ton („zeigt euch mal“), Relativierung kontraproduktiv („fast so gut“), Selbstlob, das zwar etwas eingeschränkt wird, aber dennoch unsympathisch wirkt („Wir sind die Größten ;-)), unpräzise Angaben zu Datum und Uhrzeit, fehlende Angabe zum Ort.

Aushang 2:
Stärke: Alle relevanten Daten (Ort, Zeit, Eintritt, Titel des Stücks, die Initiatoren) sind enthalten.
Schwächen: Ungeordnet, optisch schlecht gestaltet, da die wesentlichen Infos zu klein sind, Vorwegnahme des Inhalts und belehrende Intention wirken nicht zum Besuch animierend, einige Infos sind irrelevant, z. B. Dauer des Verfassens.

Aufgabe 5 / Seite 180

siehe oben Aufgaben 1–3 / Seite 179
Aufgabe 6 / Seite 180
- Darstellungsfunktion ≈ Sachdimension
- Appellfunktion ≈ Appelldimension
- Ausdrucksfunktion ≈ Selbstoffenbarungsdimension
- fehlt ≈ Beziehungsdimension

Aufgabe 7 / Seite 180

Darstellungsfunktion = D, Appellfunktion = Ap, Ausdrucksfunktion = Au

Ich freue mich. (Au) • Das ist mein neues Fahrrad. (D) • Es ist nicht wirklich neu, sondern meine Eltern haben es gebraucht gekauft. (D) • Aber man merkt das fast nicht. (D) • Ich bin gespannt, wie es sich beim Ausflug am nächsten Wochenende bewährt. (Au) • Sieh doch mal, wie viele Gänge es hat. (Ap) • Probier ruhig mal aus, wie leicht es fährt. (Ap)

Aufgabe 8 / Seite 180

Aushang 1: Darstellungsfunktion schlecht, Appellfunktion gut, Ausdrucksfunktion unangemessen
Aushang 2: Darstellungsfunktion gut, Appellfunktion schlecht, Ausdrucksfunktion unangemessen

Überprüfen und Sichern

Aufgabe 1 / Seite 181

Thema:	**Klimawandel und Tourismus**
Lehrer	➢ **Auswirkungen:** – keine grundleg. Veränderungen der Nachfrage – aber: • regionale (= Ziele) und • saisonale Veränd. (= Zeiten)
(Zusammenfassung von Sophie)	
Walter	➢ **Gründe:** – Trockenheit im Sommer – weniger Komfort – weniger Freizeitmögl.
Lehrer: ⓘ	➢ **Ergebnisse der Deutsche Bank Research-Studie:** – trockenere Sommer in Mitteleuropa und Starkregen – nasser Winter, wenig Schnee – Anhebung des Meeresspiegels und Sturmfluten ⏟ ➢➢ weniger Urlauber

Aufgabe 2 / Seite 181

- Der Lehrer berichtet, dass eine Studie unter dem Titel „Klimawandel und Tourismus - Wohin geht die Reise?“ veröffentlicht worden sei, die sich mit den unterschiedlichen Auswirkungen des Klimawandels auf die Tourismus Branche beschäftige.
- Die Studie sagt aus, dass sich die Nachfrage nach Reisen und Urlaub sich nicht grundlegend ändern werde.
- Es würden sich aber durch klimatische Änderungen erhebliche regionale und saisonale Verschiebungen in der Nachfrage ergeben.
- Eine Schülerin fasst zusammen, ob das bedeute, dass die Leute immer noch genauso oft in Urlaub führen und sich nur die Ziele oder Zeiten änderten.
- Der Lehrer bestätigt dies und fragt nach ein paar Gründen für diese Veränderungen. (≠ indirekte Rede, sondern inhaltliche Wiedergabe)
- Ein anderer Mitschüler erzählt, dass er und seine Eltern schon seit Jahren im August nach Griechenland führen und dass es letztes Jahr zum ersten Mal sehr heiß gewesen sei.
- Er berichtet, dass das früher nicht so gewesen sei und dass man sich nicht mehr immer duschen oder waschen könne, weil es wegen der Trockenheit zu wenig Wasser gebe und so zu bestimmten Tageszeiten Wasser gespart werden müsse.
- Er zieht die Schlussfolgerung daraus, dass man dann natürlich nicht mehr im Sommer dorthin fahren werde.
- Die Lehrkraft fragt nach den Urlaubsplänen für das nächste Jahr.
- Walter legt dar, dass sie entweder schon früher nach Griechenland fahren werden oder sich für den Sommer etwas anderes suchen würden.
- Zudem nennt er noch als Vorteil für diese Alternativen, dass man dann wegen der Hitze auch nicht mehr so erledigt sei, so dass man fast gar nichts machen könne.

Aufgabe 3 / Seite 182

Protokoll über die Deutschstunde der Klasse 9c am 14.12.2009

Beginn:	8.00 Uhr
Ende:	8.45 Uhr
Ort:	Johannes von Gutenberg-Gymnasium, Raum U8
Anwesend:	alle Schüler und Schülerinnen der Klasse 9c
Abwesend:	Rene Huber
Vorsitzende/r:	Gerold Kaiser (Geographielehrer)
Protokollant/in:	Maria Meier
Thema der Stunde:	Auswirkungen des Klimawandels auf den Tourismus in Europa

Tagesordnung:

1. Fragen an Anita Hahne zur letzten Stunde über „Tourismus im Mittelmeerraum“
2. Einführung des neuen Themengebiets „Auswirkungen des Klimawandels auf den Tourismus“ durch eine Tabelle mit Übernachtungszahlen
3. Sammeln von Ursachen für die Veränderungen im Tourismus
4. Besprechung der Folgen
5. Vergleich der Erkenntnisse der Klasse mit denen der Studie von Deutsche Bank Research
6. Zusammenfassung der Ergebnisse der Stunde auf einem Plakat als Hausaufgabe.

[Ausformulierung]

Maria Meier
(Protokollant/in)

Gerold Kaiser
(Vorsitzende/r)

Aufgabe 4 / Seite 182

Der Lehrer fragt (Präsens) Anita Hahne, wann die größten Tourismusströme sich auf den Weg zum Mittelmeer machen (Präsens). Anita kann (Präsens) die Frage beantworten. Sie sagt (Präsens), dass besonders im Sommer viele Urlauber Sonne und Strand genießen wollen (Präsens). Zudem betont (Präsens) sie, dass das schon immer so gewesen sei (Konjunktiv I). Forschern gelang (Präteritum / Imperfekt) es, anhand von Übernachtungszahlen herauszufinden, dass Malta, Zypern und Kroatien besonders von ausländischen Gästen profitieren (Präsens). Dazu hatten sie zuvor die Daten von insgesamt 29 Ländern ausgewertet (Plusquamperfekt).

Aufgabe 5 / Seite 182

Herr Kaiser, ~~unser Lehrer~~, fragt die Schüler nach Ursachen für die Veränderungen. Die Klasse sammelt nach einem kurzen Unterrichtsgespräch und einigen Vorinformationen der Lehrkraft in Partnerarbeit jeweils mindestens drei Beispiele, die sie dann auch aufschreiben / dann auch aufgeschrieben / notiert werden. Sie (*„die Lehrkraft“ im Satz vorher*) lässt uns dazu den Atlas verwenden, in dem sich (auf S. ... - *genaue Angabe*) eine thematische Karte über die Klimaentwicklung in Südeuropa befindet. Die Atlanten werden im Raum neben unserem Klassenzimmer *(genaue Zimmernummer – U7)* aufbewahrt. Die Schüler sollen danach Folgen mit Hilfe weiterer Karten, die z. B. die Touristenströme zu bestimmten Jahreszeiten zeigen, erarbeiten.

	Verbesserungsvorschlag
~~Der Lehrer lässt zwei Schüler einige Arbeitsblätter mit Grafiken aus der oben genannten Studie austeilen. Die beiden trödeln und es dauert lange, bis auch die letzte Reihe versorgt ist.~~ Danach erläutert Herr Kaiser, was die Klasse genau zu tun hat. Zunächst teilt er sie in Gruppen ein, ~~indem er allen Kärtchen von unterschiedlicher Farbe austeilt. Alle, die gleichfarbige Kärtchen erhalten haben, bilden ein Team.~~ Die Aufgabe besteht darin, die schon vorher erarbeiteten Ergebnisse mit denen der Deutsche Bank Research-Studie zu vergleichen.	Der Lehrer teilt die Schüler in Gruppen ein, die jeweils ein Arbeitsblatt zu einem bestimmten Urlaubsziel bekommen. Die Materialien, die von der Deutsche Bank Research stammen, sollen sie mit den zuvor im Unterricht erarbeiteten Ergebnissen vergleichen.
~~In der „gelben" Gruppe war das gar nicht so einfach, weil Bernhard immer störte. Das hat wirklich genervt! Er hat Lisa z. B. immer ihr Heft weggenommen, so dass sie nichts notieren konnte und am Schluss ohne Ergebnisse dastand.~~ Nach zehn Minuten ~~Gruppenarbeit fragt die Lehrkraft die Teams nach ihren~~ Vergleichsergebnissen. Diese werden an der Tafel notiert und alle Schüler übertragen sie ins Heft. Interessant ist, dass alles, was die Schüler zuvor herausgefunden haben, ebenfalls in der Studie steht, auch wenn diese darüber hinaus viele zusätzliche Informationen enthält. Solche neuen Erkenntnisse beziehen sich vor allem auf einzelne Länder. So wird z. B. laut Team 1 der Tourismus in Portugal weiter nach Norden ausweichen, weil es im Süden zu heiß ist, oder Kroatien könnte – wie Team 2 sagt – von ursprünglichen Griechenlandurlaubern profitieren, wenn diese wegen hoher Temperaturen auf das nördlichere Land ausweichen. Team 3 stellte fest, dass Touristen, die eigentlich immer in tiefer gelegenen Skigebieten der Alpen oder den deutschen Mittelgebirgen ihren Skiurlaub verbringen, von Oktober bis März wegen häufigerem Schneemangel eher auf hoch gelegene oder Gletscher-Skigebiete ausweichen werden. Bis 2030 wird ein Anstieg der Schneefallgrenze in den Alpen um 300 Meter erwartet. ~~Team 4 hat jedoch die ihnen ausgehändigte Grafik falsch analysiert, so dass ihre Antworten unsinnig sind. Der Lehrer muss schließlich alles ergänzen, nämlich dass viele Touris an die Küsten fahren, aber auch etliche die Städte besuchen. Dies tun sie meist nicht im Sommer, so dass sich hier wenige Veränderungen ergeben werden. Das nennt er~~ „diversifizierte Tourismusstruktur". Im Anschluss bombardieren die Jugendlichen ihren Lehrer noch mit vielen Fragen, beispielsweise was gegen diese Entwicklungen gemacht werden könnte oder ob man Frankreich nicht als Vorbild für andere Länder nehmen könnte.	Nach zehn Minuten werden die Resultate der Gruppen an der Tafel notiert und von den Jugendlichen ins Heft übernommen. Dabei fällt auf, dass die Klasse bereits etliche Informationen, die die Studie enthält, herausgefunden hat. Neues bezieht sich vor allem auf einzelne Länder. Die erste Gruppe hat Portugal – als Beispiel für den westlichen Mittelmeerraum – bearbeitet. Der Tourismus wird sich dort weiter nach Norden verschieben, weil es im Süden zu heiß ist. Das zweite Team stellt fest, dass Kroatien von ursprünglichen Griechenlandurlaubern profitieren könnte, wenn diese wegen hoher Temperaturen auf das nördlichere Land ausweichen. Über Skiurlauber in tiefer gelegenen Wintersportgebieten der Alpen oder den deutschen Mittelgebirgen berichtet die dritte Gruppe, dass diese in der Wintersaison wegen häufigerem Schneemangel in einigen Jahren in hoch gelegene oder Gletscher-Skigebiete fahren müssen, was eine Prognose über das Absinken der Schneefallgrenze bis zum Jahr 2030 in den Alpen um 300 Meter stützt. Herr Kaiser ergänzt die Ergebnisse zu Frankreich, die vom letzten Team vorgestellt werden. Er berichtet, dass besonders die Küstengebiete stark touristisch erschlossen sind. Zudem werden Städte- und Kulturreisen weniger durch das Klima beeinflusst, da sie zum Großteil ohnehin schon außerhalb der Sommersaison stattfinden. Das bedeutet, dass Frankreich eine sehr diversifizierte, also breit gefächerte Tourismusstruktur aufweist. Im Anschluss stellen die Jugendlichen ihrem Lehrer noch viele Fragen, beispielsweise was gegen diese Entwicklungen unternommen werden könnte.

Zusatzmaterial

Zum Film „Eine unbequeme Wahrheit" von Al Gore
http://www.climatecrisis.net/

http://movies.universal-pictures-international-germany.de/eineunbequemewahrheit/ait_live/

Thema Klimaschutz
http://www.klimaschuetzen.de/
Website des Umwelt Bundesamts zum Thema Klima, Treibhauseffekt, Klimapolitik und globale Erwärmung sowie Hinweise darauf, was der Einzelne in Haushalt und Verkehr tun kann.

http://www.mpimet.mpg.de/
Website des Max-Planck-Institut für Meteorologie mit aktuellen Daten zur Klimaforschung.

www.germanwatch.org
Website des Germanwatch e.V. mit Informationen zu Klimaschutz & Anpassung an den Klimawandel

Unterrichtsmaterial
http://www.hamburger-bildungsserver.de/index.phtml/?site=themen.klima
Hamburger Bildungsserver mit ausführlichen Informationen zu Klima und Klimawandel, sowie Verweise zu den Klima-Studien des Intergovernmental Panel on Climate Change (IPCC)

http://www.learn-line.nrw.de/angebote/agenda21/thema/klima.htm
NRW Bildungsserver – Liste mit Informations- und Unterrichtsmaterial

http://www.unendliche-energie.de/
Jugend mit unendlicher Energie
Kampagne von BMU und Bundesverband Erneuerbare Energien mit Unterrichtsmaterial

http://www.erneuerbare-energien.de/inhalt/5984/
Unterrichtsmaterial des BMU zu Erneuerbaren Energien

Aktivitäten zum Klimaschutz
ec.europa.eu/environment/climat/campaign/index de.htm
Die Kampagne „Change" zeigt die vielen Möglichkeiten die jeder Einzelne hat, seinen Beitrag zum Klimaschutz zu leisten

http://www.wearewhatwedo.de/
Kampagne für kleine Aktionen, die die Welt verändern

Kopiervorlage

Zu Aufgabe 2 / Seite 169

Erneuerbare Energie: Perspektiven der Nutzung

Energie entsteht nicht aus dem Nichts, sie kann auch nicht verloren gehen. In einem abgeschlossenen Raum ist Energie konstant. Aber jeder Energiewandlungsschritt geht mit einer Entwertung der Energie einher: Jede Maschine und jeder Prozess, der Energie verbraucht, hat einen Wirkungsgrad, der kleiner als eins ist, und immer kann nur ein Teil der Energie direkt technisch genutzt werden; der Rest führt nur zu einer Erwärmung der Umgebung, wenn er nicht durch entsprechende Vorrichtungen zumindest zum Teil verwertet wird. Nach jedem Glied einer Energiewandlungskette ist die Menge nutzbarer Energie kleiner geworden, bis am Ende der Kette ein Maximum der Entwertung erreicht wird, bei dem die Temperatur der Umgebungswärme entspricht. Umgebungswärme ist nur noch für die Abstrahlung in den kalten Weltraum tauglich, für den Menschen aber nicht mehr nutzbringend. Diese Feststellungen gelten für jede der drei Energiearten: fossile, nukleare und erneuerbare.
Aber es gibt einen signifikanten Unterschied: Während die erschöpfliche fossile oder nukleare Energie nach der Entwertung für immer für den Menschen verloren ist, bewirkt der unaufhörlich nachfließende Strom der erneuerbaren Energien, dass jede durch den Menschen vorgenommene Entwertung sogleich kompensiert wird. Die Sonne, die Erdwärme, die Gezeiten verfügen über einen nach unseren Maßstäben unerschöpflichen Energievorrat, den sie gleichmäßig zur Verfügung stellen, unabhängig davon, ob der Mensch sie nutzt oder nicht. Es ist, als gleiche die Natur die Energieentwertung gleichsam ständig wieder aus.
Die Sonne strahlt seit 4,5 Milliarden Jahren, und es wird erwartet, dass sie erst nach weiteren 4,5 Milliarden erlischt. Was der Mensch an Energie verbraucht – zurzeit jährlich etwa 13 Milliarden Tonnen Steinkohleeinheiten – entspricht nur dem Bruchteil eines Prozents dessen, was die Sonne im gleichen Zeitraum auf die Erde einstrahlt, und auch dies wird von der Sonne sogleich wieder kompensiert. Das ist der fundamentale Unterschied zwischen den erschöpflichen und den erneuerbaren Energien, den der Mensch bei der Energienutzung in Zukunft zu beachten hat, will er den Kriterien der Nachhaltigkeit gerecht werden.

nach: Bibliographisches Institut & F. A. Brockhaus AG, 2002

Kopiervorlage

Zu Aufgabe 2 / Seite 178

Bereich	**Aspekte**	**Anmerkung (bzw. Häkchen)**
Form	Der Kopf des Protokolls enthält alle wichtigen Informationen in übersichtlicher Darstellung.	
	Der Aufbau der Unterrichtsstunde ist im Protokoll durch Absätze erkennbar. (Tagesordnungspunkte!)	
	Der Text ist auf Zeichensetzung und Rechtschreibung geprüft.	
Inhalt	Alle wichtigen Punkte (siehe Hervorhebung in der Mitschrift) sind berücksichtigt.	
	Alle Ergebnisse der Stunde sind festgehalten.	
	Das Zustandekommen der Ergebnisse ist im Wesentlichen und knapp dargestellt.	
Grammatik und Stil	Die Sätze sind sinnvoll und abwechslungsreich miteinander verknüpft.	
	Direkte Rede taucht im Protokoll nicht auf; Konjunktiv I und Konjunktiv II werden richtig verwendet.	
	Die Perspektive ist richtig gewählt; „ich“ und „wir“ sowie „gestern“ und „heute“ o. Ä. kommen nicht vor.	
	Die meisten Sätze stehen im Präsens. Nur Vorzeitiges wird in Vergangenheitsformen ausgedrückt.	
	Verben des Sagens werden im Ausdruck variiert.	
	Bei Ergebnissen, bei denen einzelne Personen nicht hervorgehoben werden müssen, kann auch das Passiv verwendet werden.	

Kopiervorlage

Zu Aufgabe 6 / Seite 183

	Verbesserungsvorschlag
Der Lehrer lässt zwei Schüler einige Arbeitsblätter mit Grafiken aus der oben genannten Studie austeilen. Die beiden trödeln und es dauert lange, bis auch die letzte Reihe versorgt ist. Danach erläutert Herr Kaiser, was die Klasse genau zu tun hat. Zunächst teilt er sie in Gruppen ein, indem er allen Kärtchen von unterschiedlicher Farbe austeilt. Alle, die gleichfarbige Kärtchen erhalten haben, bilden ein Team. Die Aufgabe besteht darin, die schon vorher erarbeiteten Ergebnisse mit denen der Deutsche Bank Research-Studie zu vergleichen. In der „gelben“ Gruppe war das gar nicht so einfach, weil Bernhard immer störte. Das hat wirklich genervt! Er hat Lisa z. B. immer ihr Heft weggenommen, so dass sie nichts notieren konnte und am Schluss ohne Ergebnisse dastand. Nach zehn Minuten Gruppenarbeit fragt die Lehrkraft die Teams nach ihren Vergleichsergebnissen. Diese werden an der Tafel notiert und alle Schüler übertragen sie ins Heft. Interessant ist, dass alles, was die Schüler zuvor herausgefunden haben, ebenfalls in der Studie steht, auch wenn diese darüber hinaus viele zusätzliche Informationen enthält. Solche neuen Erkenntnisse beziehen sich vor allem auf einzelne Länder. So wird z. B. laut Team 1 der Tourismus in Portugal weiter nach Norden ausweichen, weil es im Süden zu heiß ist, oder Kroatien könnte – wie Team 2 sagt – von ursprünglichen Griechenlandurlaubern profitieren, wenn diese wegen hoher Temperaturen auf das nördlichere Land ausweichen. Team 3 stellte fest, dass Touristen, die eigentlich immer in tiefer gelegenen Skigebieten der Alpen oder den deutschen Mittelgebirgen ihren Skiurlaub verbringen, von Oktober bis März wegen häufigerem Schneemangel eher auf hoch gelegene oder Gletscher-Skigebiete ausweichen werden. Bis 2030 wird ein Anstieg der Schneefallgrenze in den Alpen um 300 Meter erwartet. Team 4 hat jedoch die ihnen ausgehändigte Grafik falsch analysiert, so dass ihre Antworten unsinnig sind. Der Lehrer muss schließlich alles ergänzen, nämlich dass viele Touris an die Küsten fahren, aber auch etliche die Städte besuchen. Dies tun sie meist nicht im Sommer, so dass sich hier wenige Veränderungen ergeben werden. Das nennt er „diversifizierte Tourismusstruktur“. Im Anschluss bombardieren die Jugendlichen ihren Lehrer noch mit vielen Fragen, beispielsweise was gegen diese Entwicklungen gemacht werden könnte oder ob man Frankreich nicht als Vorbild für andere Länder nehmen könnte.	

Katastrophen

Zur Konzeption des Kapitels

Das Kapitel greift ein Thema auf, das in seiner medialen Präsenz und seiner Vielfalt gleichermaßen faszinierend für Schüler sein dürfte. Da es um thematische Literaturbetrachtung geht, ergibt sich ein breites Spektrum an Textsorten, aber auch inhaltlich eine Vielfalt unterschiedlicher Aspekte des Katastrophen-Begriffs. Insbesondere soll das Neben- und Ineinander privater und öffentlicher, großer und kleiner, partieller und globaler Katastrophen einen Schwerpunkt bilden. Weiterhin ist als didaktischer Akzent die Thematisierung der Darstellung des Grausigen zu sehen. Hier werden ganz unterschiedliche ästhetische Konzeptionen präsentiert.
Der Lesebuchteil bietet hier bereits entsprechendes Material, das dann durch die Textbeispiele im Sprachbuchteil noch vertieft wird.
Schon der Auftakttext – ein Zitat aus Stifters berühmter Vorrede zu den „Bunten Steinen" greift dieses Motiv auf. Die Bilderfolge von Robert Gernhardt zu einem Aphorismus von Lichtenberg kann als weiterer Gesprächsanlass zu diesem Themenaspekt dienen.
Ein Auszug aus Gert Ledigs literarischer Gestaltung des Luftkriegs „Vergeltung" eröffnet die Sequenz, die insbesondere unverbrauchten und eher selten im Unterricht behandelten Texten Raum geben will. Der Roman, der lange unbeachtet blieb, wurde in den letzten Jahren wieder entdeckt und bietet eine Möglichkeit, das Ineinander apokalyptischer Zerstörung einer Stadt bei einem Bombenangriff und dem Leid des Einzelnen in eindrucksvoller Gestaltung zu erleben.
Johann Peter Hebel ist ein Autor, der in den Deutschbüchern immer noch stark vertreten ist. Doch der ausgewählte Text „Unglück der Stadt Leiden" taucht in der Regel nicht auf. Wieder ist es wie bei Ledig die apokalyptische Zerstörung einer Stadt, die hier beschrieben wird. Hoffnungslosigkeit und das völlige Ausgeliefertsein dem Schicksal gegenüber verbinden beide Texte miteinander.
Das Reflektieren über das apokalyptische Ende im Spiegel des privaten Gesprächs bildet den didaktischen Akzent des Textes von Ray Bradbury.
Ein klassischer Text, das Gedicht „Weltende" von Jakob van Hoddis, beschließt den Lesebuchteil.

Im Sprachbuchteil geht es um folgende Schwerpunkte:
- Möglichkeiten der thematischen Literaturbetrachtung
- die literarische Gattung der Novelle in Abgrenzung zum Roman
- Mittel der Filmanalyse

Die Teile sind durch das thematische Prinzip und die erläuterten didaktischen Schwerpunkte vernetzt. Nach einer ersten Austausch- und Rechercherunde zum Thema insgesamt bildet die Auseinandersetzung mit Auszügen aus Heinrich von Kleists Novelle „Das Erdbeben in Chili" einen ersten thematischen Schwerpunkt, der durch den Vergleich mit dem Roman Christa Wolfs („Störfall") erweitert wird. Mit Henrik Ibsens „Volksfeind" wird auch die dramatische Gattung in den Kontext eingebunden, so dass die drei Grundgattungen repräsentiert sind.
Die filmische Darstellung von Katastrophen sollte am Ende der Sequenz behandelt werden. Hier kann exemplarisch in die Mittel der Filmanalyse eingeführt werden.

Lösungen zu den Aufgaben der Lesetexte

0 Adalbert Stifter, Vorrede zu „Bunte Steine" (S. 184)

Aufgabe 1

Die Wärme, die zur Ausdehnung von Materie führt und in einem engen Raum (Topf, Kanal) dann zu einem Ausbruch, ist das verbindende Motiv zwischen den zunächst völlig unvereinbar erscheinenden Bereichen. Stifter will in seiner Vorrede den Begriff von Größe relativieren und einen Einblick in diesen komplexen Gedankengang kann der Schüler schon an diesem kleinen Zitat erhalten: Wenn die wirkende Größe beim Vulkanausbruch, der allgemein als eine der größten und zerstörerischsten Katastrophen angesehen wird, keine andere ist als die, die bei einer alltäglich Verrichtung genutzt wird, dann relativiert sich der Begriff ‚Größe' im Blick auf diese Naturerscheinung. Bild und Zitat der

Auftaktseite spielen mit diesem Motiv der Relativität von Größe vor dem Hintergrund des Katastrophenthemas. Dabei werden mit dem Flut-Motiv (Träne) und dem Vulkanausbruch bereits zwei häufige Katastrophenmotive exponiert.

Aufgabe 2

z. B. Funke – Feuer, Schneeball – Lawine, Lüftchen – Orkan

Bild Robert Gernhardt, Das Tier, das in einer Träne ertrinkt (S. 185)

Aufgabe 1

Der originelle Gestaltungsaspekt Gernhardts liegt in der Deutung des Tieres als Mensch, der in einer Träne Gottes ertrinkt.

Aufgabe 2

Auslöser für die Katastrophe ist das Flehen des leidenden Menschen zu Gott. Die Hinwendung im Gebet und der Klagegestus rühren offenbar den Schöpfer dermaßen, dass er eine Träne vergießt. In tragischer Ironie ist es diese Träne, die den Menschen dann als Meer umspült, in dem er versinkt. Was als Rührung und Mitleid des Gottes zu deuten ist, wirkt sich auf der Ebene des Menschen als Katastrophe aus. Das Leitmotiv des Kapitels von ‚großer' und ‚kleiner' Katastrophe wird hier ironisch gebrochen gespiegelt.

1 Gert Ledig, Vergeltung (S. 186)

Aufgabe

Das Gespräch kann sich an Formulierungen wie der von den Säuglingen, denen die Haut vom Kopf gerissen wird, aber auch am Bild des vom Kreuz gerissenen Christus entzünden. Zu unterscheiden sind zwei Aspekte der Frage: Ist es überhaupt möglich, die grausige Dimension des Geschehens in Worte zu fassen, oder fehlen der Sprache hier die Möglichkeiten? Soll man so etwas überhaupt versuchen? – Denkbar sind unterschiedliche Standpunkte: So können die Gegner solcher Darstellungen darauf verweisen, dass Sprache derartiges Grauen nie ganz abbilden kann, dass ein verstärkter Einsatz entsprechender Bilder und Motive schnell für Abnutzung sorgt. Befürworter könnten die Nachhaltigkeit solcher Bilder im Vergleich mit den visuellen Medien thematisieren und eine konservative Ästhetik der ‚schönen Künste' kritisch ablehnen.

2 Johann Peter Hebel, Unglück der Stadt Leiden (S. 187)

Aufgabe 1

Die Geschichte vermittelt eine Grunderfahrung des Menschen; die Fragilität des menschlichen Daseins, angesichts deren die Sorglosigkeit der Lebensweise deutlich wird („(...)niemand dachte daran, wie es am Abend aussehen wird" Z. 9, „Da sah man auch, wie es am Abend leicht anders werden kann, als es am frühen Morgen war" Z. 32 f.). Ein weiterer Aspekt liegt im Schlussgedanken: Die kriegerischen Auseinandersetzungen zwischen einzelnen Völkern verblassen in ihrer Bedeutung angesichts der alle in gleicher Weise betreffenden conditio humana.

Aufgabe 2

Auch bei Hebel ist es der Zufall, der unbarmherzig zuschlägt (vgl. Ledig). Hebel verdeutlicht das Grausige des Geschehens, indem er zunächst eine Vielzahl von Detailbildern des alltäglichen Lebens in der Stadt aufreiht (Personen, Orte, Tagwerk). Mit dem knappen Abschluss der großen Satzreihe „(...) und plötzlich geschah ein Knall." Z. 19, wird diese Periode zu einem abrupten Ende geführt. Eine neuerliche Schilderungssequenz listet nun Bilder der Zerstörung und Vernichtung der zuvor geschilderten Menschen und Orte auf. Durch diese Detailorientierung gelingt Hebel insbesondere die Darstellung des Grausigen. Im Unterschied zu Ledig finden sich allerdings noch nicht die drastischen Bilder des Grausigen und Ekelerregenden, Hebel umschreibt die konkreten Bilder des Todes eher („(...) Menschen und Tiere, welche in der Nähe des Unglücks auf der Straße waren, wurden von der Gewalt des Pulvers in die Luft geschleudert und kamen in einem kläglichen Zustand wieder auf die Erde." Z. 26 f.).

3 Ray Bradbury, Die letzte Nacht der Welt (S. 188)

Aufgabe 1

Ursache	Wirkung
Wasserstoff-/Atombombe (Z. 15)	
Krieg mit biologischen Waffen (Z. 17)	
unbestimmter Traum	Weltende innerhalb von 24 Stunden
➢ „die Dinge sind einfach nicht so gelaufen, wie sie hätten sollen“ (Z. 56 f.) ➢ „Dies hier ist logisch. Nach dem Leben, das wir geführt haben, war nichts anderes zu erwarten.“ (Z. 73 f.) ➢ „(...) wir haben uns zu viel mit uns selbst beschäftigt, während ein großer Teil der Welt nichts Besseres zu tun hatte, als lauter schreckliche Dinge anzurichten.“ (Z. 76 f.)	

Aufgabe 2

- Kurzgeschichte
  - Merkmale:
  - offener Anfang
  - Wendepunkt im Leben der Figuren (Katastrophe: letzte Nacht der Welt)
  - sachliche, nüchterne Sprache („Er goss Kaffee ein.“ Z. 7)
  - offener Schluss (Katastrophe selbst bleibt ausgespart, Figuren legen sich schlafen...)

4 Jakob van Hoddis, Weltende (S. 191)

Aufgabe 1

- passende Formulierungen zum Titel „Weltende“
  - „in allen Lüften hallt es wie Geschrei“ Z. 2
  - „an den Küsten steigt die Flut“ Z. 4
  - „der Sturm ist da“ Z. 5
  - „die Eisenbahnen fallen von den Brücken“ Z. 8
- unpassende Formulierungen
  - „dem Bürger fliegt vom spitzen Kopf der Hut“ Z. 1
  - „Dachdecker stürzen ab und gehen entzwei“ Z. 3
  - „die meisten Menschen haben einen Schnupfen“ Z. 7

Aufgabe 2

Die Alltäglichkeit der kleinen Probleme wird mit den großen Katastrophen kontrastiert. So könnten die Schüler etwa anführen, dass Sie beim Sehen entsprechender Fernsehnachrichten über ihre noch zu erledigenden Hausaufgaben sprechen oder über die Knabbereien, die man gerade möchte.

Aufgabe 3

Das Gedicht erschien am 11. 1. 1911 in der Berliner Zeitschrift „Der Demokrat“. Insbesondere die Zerstörung der bürgerlichen Welt, deren Auflösung durch die Aneinanderreihung der unvereinbaren Bilder ist als Zeitbezug zu erkennen. Gleichzeitig enthält der Text auch Aspekte des Aufbruchs aus einer überalterten Gesellschaftsordnung: „Dem Bürger fliegt vom spitzen Kopf der Hut“, „Der Sturm ist da“.

Lösungen zu den Aufgaben im Sprachbuchteil

Aufgabe 2 / Seite 194

- Vulkanausbruch (Stifter) – 19. Jhdt.
- Flut (Gernhardt) – 20. Jhdt.

- Krieg (Ledig) – 20. Jhdt.
- Krieg (Stifter) – 19. Jhdt.
- Unfall/Krieg (Hebel) – 18. Jhdt.
- Weltende/unbest. Ursache (Bradbury) – 20. Jhdt.
- Sturmflut (van Hoddis) – 20. Jhdt.

Aufgabe 3 / Seite 194

mögliche Verzweigungspunkte: Naturkatastrophen/vom Menschen verursachte Katastrophen, lokal begrenzte Katastrophen/globale Katastrophen, dann die einzelnen Beispiele ...

Aufgabe 1 / Seite 196

Informationen im ersten Satz:
- Ort: St. Jago, Hauptstadt des Königreichs Chili
- Zeit: in dem Augenblicke der großen Erderschütterung vom Jahre 1647
- Personal: Jeronimo Rugera
- Vorgeschichte: auf ein Verbrechen angeklagter Spanier, an einem Pfeiler des Gefängnisses, in welches man ihn eingesperrt hatte
- Verbindung von persönlicher Katastrophe (Gefängnis, Todesurteil) und kollektiver Katastrophe (bei welcher viele tausend Menschen ihren Untergang fanden)

Aufgabe 2 / Seite 196/197

Auch heute öffnen derartige Katastrophen den Blick für Haltungen und Potentiale von Menschen, die im Alltag nicht so gesehen werden, bspw. die enorme Hilfsbereitschaft, die solche Ereignisse auslösen, auch der persönliche Einsatz von Helfern. Kritisch diskutiert werden kann, wieso es erst solcher katastrophaler Ereignisse bedarf, um diese positiven Eigenschaften des Menschen hervorzurufen.

Aufgabe 4 / Seite 198

Die Messe als religiöse Zeremonie schürt die Emotionen der Gläubigen, die fanatisch gegen Josephe vorgehen wollen. Dabei verlieren die Rasenden jede Scheu und agieren wie wilde Tiere („ihr blutdürstenden Tiger“ Z. 97 f.). Dabei fungiert der Schuster Pedrillo als ‚Einpeitscher‘, der den Rest des Mobs antreibt.

Aufgabe 5 / Seite 198

Es ist bemerkenswert, dass Don Fernando und Donna Elvire, obwohl ja ihr eigenes Kind ausgelöst durch den Hass auf Jeronimo und Josephe irrtümlicher Weise ermordet wurde, nun deren Kind als Pflegesohn annehmen. Sie stehen also über Gefühlen wie Hass und Rache. Die Katastrophe bewirkt hier eine Rückführung in die familiäre Bindung. Verzeihen und Fürsorge stehen am Ende der Novelle. Das kann man als „Happy End“ interpretieren.

Aufgabe 6 / Seite 198

Tiedemann hebt den Zusammenhang zwischen Naturkatastrophe und Verhalten der Menschen hervor. Die ‚tigerartige Anlage‘, von der Stifter sagt, sie sei in jedem von uns vorhanden, wird nach Tiedemann durch das Erdbeben herausgetrieben und entlädt sich in der aufgeheizten Stimmung der Messe. Sobald die Figuren nicht mehr unmittelbar bedroht sind, entlädt sich ihr Hass und ihre Aggressivität gegen vermeintlich Schuldige, da die Katastrophe selbst einem solchen Hassgefühl nicht zugänglich ist.

Aufgabe 7 / Seite 199

In St. Jago, der Hauptstadt des Königreichs Chili, stand gerade in dem Augenblicke der großen Erderschütterung vom Jahre 1647,
        bei welcher viele tausend Menschen ihren Untergang fanden,
ein junger, auf ein Verbrechen angeklagter Spanier, namens Jeronimo Rugera, an einem Pfeiler des Gefängnisses,
        in welches man ihn eingesperrt hatte,
und wollte sich erhenken.

Ein weiteres Beispiel:

Man sprach in der Stadt mit einer so großen Erbitterung von diesem Skandal,
und die Zungen fielen so scharf über das ganze Kloster her,

in welchem er sich zugetragen hatte,
dass weder die Fürbitte der Familie Asteron,
noch auch sogar der Wunsch der Äbtissin selbst,
        welche das junge Mädchen, wegen ihres sonst untadelhaften Betragens
        liebgewonnen hatte,
die Strenge,
        mit welcher das klösterliche Gesetz sie bedrohte,
mildern konnte.

Die syntaktische Formation der Kleistschen Sätze mit ihren vielfachen Unterordnungen und attributiven Erweiterungen ist Spiegel der Komplexität des Geschehens, das psychologisch differenziert und dicht präsentiert wird.

Aufgabe 8 / Seite 199

Gemeinsame Merkmale sind sicher die Kürze und die Prosaform. Im Unterschied zur Anekdote ist die Novelle nicht an ein bestimmtes Personal gebunden. Von der Kalendergeschichte trennt sie die Orientierung an einem finalen Sinnspruch. Die offenen Strukturen der Kurzgeschichte (Anfang und Ende), aber auch deren Einfachheit in Sprache und Bildlichkeit sind nicht für die Novelle charakteristisch. Die Kalendergeschichte und die Anekdote bieten die Möglichkeit der größeren Verdichtung auf eine Einzelszene hin (vgl. Hebel), die Novelle kann hier ausführlicher und damit psychologischer vorgehen. Personenzeichnung und Schauplatzgestaltung bspw. erhalten hier mehr Raum. Gut kann das am Vergleich der Hebel-Geschichte aus dem Lesebuchteil und der Kleist-Novelle nachgewiesen werden, die beide von der Zerstörung einer Stadt handeln.

Aufgabe 3 / Seite 201

- personale Ich-Erzählerin
- Innensicht, affirmative Haltung
- Rückblick („Von den viel später sich herumsprechenden Warnungen (...) habe ich an dem Morgen (...) noch nichts gewusst.“, Z. 10 ff.), Vorausschau („Eines Tages, über den ich in der Gegenwartsform nicht schreiben kann, werden die Kirschbäume aufgeblüht gewesen sein“, Z. 1 ff.) und szenisches Präsens („Da, Bruder, wo du jetzt bist, fängt man pünktlich an.“, Z. 26)

Aufgabe 4 / Seite 201

- Motiv der Strahlen („Die Art Strahlen, lieber Bruder, von denen ich rede, sind gewiß nicht gefährlich.“, 38 f.)
- direkte Parallelisierung von Operation des Bruders und Ausbreitung der Tschernobyl-Nachrichten („Während du schläfst, Bruder, lerne ich neue Wörter.“, Z. 41)

Aufgabe 1 / Seite 201 (unten)

Vergesslichkeit, Nachlässigkeit, Verantwortungslosigkeit, Leichtsinn

Aufgabe 2 / Seite 201 (unten)

positive Konsequenzen:
- Stadt kommt ins Gespräch, Skandal macht sie bekannt
- evt. neugierige Besucher/Schaulustige
- Aufträge für Handwerker: neues Sammelbecken/neue Leitungen
- evt. dann besseres Bad, mit neuester Ausstattung

negative Konsequenzen:
- Ausbleiben der Gäste
- Badeanstalt unbrauchbar: finanzieller Ruin
- Wirbel in der Stadt
- Rufschädigung auf Dauer: ungesunder Badebetrieb

Kurzfristig dürften auf jeden Fall die negativen Folgen überwiegen. Durch die nach den Umbaumaßnahmen evt. verbesserte Situation kann die Stadt evt. das verloren gegangene Vertrauen wieder herstellen.

Aufgabe 3 / Seite 204

- Doktor Stockmann – Peter Stockmann: familiäre Bindung, aber Interessenkonflikt (Badeverwaltung vs. Entdecker der Gesundheitsgefährdung)
- Peter Stockmann – Hovstad: Badeverwaltung vs. Presse, Interessenkonflikt (Vertuschung – Aufklärung)
- Doktor Stockmann – Bürgerversammlung: Interessenkonflikt (Aufklärung, Sorge um Gesundheit – finanzielle Sicherheit)

Aufgabe 4 / Seite 205

Exposition: Aufdeckung des Problems, Stockmanns erste Maßnahmen
Steigerung: Aufbau des Konfliktpotentials, Widerstand der Bürger, Einwirken der Presse
Höhepunkt: Skandal wird öffentlich
Peripetie: eine Seite gewinnt Oberhand
Lösung: Badebetrieb eingestellt/Sachverhalt vertuscht

Aufgabe 5 / Seite 205

Ein Happy End ist nach der Exposition nicht mehr denkbar. Entweder wird der Sachverhalt vertuscht, was problematisch wäre und Doktor Stockmann zur gebrochenen Figur werden lässt, oder der Skandal wird öffentlich und das Bad ist ruiniert.

Aufgabe 6 / Seite 205

Der Plan Stockmanns, eine Schule zu gründen, in der aufrechte Charaktere herangebildet werden sollen, öffnet am Ende des Stücks den Blick auf eine positive Wendung. Mit dem steigenden Widerstand der Bevölkerung und den Anfeinden wächst die Figur Stockmanns, der an den Anfeindungen nicht zerbricht.

Aufgabe 2 / Seite 206

a.)

Actionfilme		**Katastrophenfilme**
meist individuelle Folgen der Thematik		Schicksal vieler Menschen im Focus
		klare Wertung der Themen
	Hybris-Motiv	
	Hauptfigur oft betrogener Held/underdog-Figur	
	Bestrafung der Schuldigen	
auftretende Probleme können mit den Aktionen der Figuren beseitigt werden	Wettlauf mit der Zeit	
kurze Entscheidungsprozesse		Verlangsamung: Entscheidungsprozesse von politisch Verantwortlichen
	spektakuläre optische Effekte	

b.)

Hauptunterschied zu den literarischen Texten: Möglichkeit der Sichtbarmachung differenzierter Gefühle in der Literatur.
Berührungspunkte: kontroverse Themen, Außenseiterfiguren, Hybris-Motiv

Zusatzmaterial

Passend zum Kapitelthema finden Sie folgenden Text als Kopiervorlagen ab S. 107 in diesem Band und als Datei auf der beiliegenden CD-ROM.

Urs Widmer: Der blaue Siphon. Bamberg. 2002. S. 5. C. C. Buchner.

Als Zusatztext zur Thematik bietet sich der Romaneingang von Urs Widmers „Der blaue Siphon“ an, der im Spiegel des Traums der Erzähler-Figur ein apokalyptisches Bild menschlicher Geschichte entwirft und dies mit dem Alltagsleben vernetzt.

Mögliche Aufgaben:

1. Untersuche, wie privater Alltag und Katastrophengeschehen zueinander in Beziehung gesetzt werden.
2. Stelle die unterschiedlichen Katastrophen zusammen: Welches Bild menschlicher Geschichte zeichnet der Erzähler hier?
3. Wie stehen Traumbild vom blauen Siphon und dieses Bild zueinander?
4. Vergleiche die Darstellung des Leidens im Krieg bei Widmer, Ledig und Stifter.

Kopiervorlage

Urs Widmer

Der blaue Siphon

Vor wenigen Tagen, vor kaum mehr als einer Woche, hatte ich einen Traum, ein Menschengewimmel, Schreie, und dann stand ich in einem diffusen Nichts, im All vielleicht, und vor mir schwebte, erhöht wie auf einem unsichtbaren Altar, eine Siphonflasche aus blauem Glas, leuchtend in einem sonst unsichtbaren Licht, das das Glas funkeln ließ. Regenbogenfarbenblitze in dem tiefen Blau. Ich starrte das Wunder an, und als ich am nächsten Morgen aufwachte, dachte ich eine Weile lang verwirrt an die Botschaft und vergaß sie dann. Gab mich wieder dem Alltag hin. Ölfelder brannten. Bomben fielen auf Städte. Raketen flogen auf der Höhe der Verkehrsampeln Avenuen entlang und detonierten an ihrem Ende. So hatten die Menschen auch früher in den Himmel gestarrt, in Dresden, in Coventry, und die Flugzeuge gesehen, und dann die schwarzen Punkte, die ihnen entgegenfielen, und die Fragen hielten ihren Kindern die Ohren zu, bevor sie zerrissen wurden. So waren andere, rennend, langsamer als die Luftgifte gewesen, krümmten sich in den Straßen. So rannten die in Pompeji, zu spät, dem Hafen zu: der Glutregen war schneller. So fuhren die Napalmstürme durch die Hüttendörfer. So erschlugen die Horden der Hunnen Bauern, deren Beine unter Heuhafen zappelten. So verreckten die Russen im brennenden Moskau und die Franzosen ohne Schuhe im Schnee, die Beresina noch weit. So kratzte Napoleon ab, ungeliebt. So töten ohne eine Regung Vietnamesen Millionen Kambodschaner oder Kambodschaner Millionen Vietnamesen, wer weiß das heute noch. Die Juden. Die Sieger halten ihre Siege aus, lebend, und die Toten sind tot. Wer kennt ein Opfer? Ölfelder brannten jedenfalls, und der Alltag bestand darin, dass ich meine Tochter nach den Hausaufgaben fragte und nicht vergaß, das Mineralwasser zu bestellen. Auch hörte ich jede Stunde die Nachrichten.

Job, Ausbildung, Beruf: Alles noch in weiter Ferne?

Zur Konzeption des Kapitels

Der Lesebuchteil will zum Nachdenken über das Verhältnis von Lernen – sozialem Engagement – beruflichem Erfolg – glücklichem Leben anregen. Zwei historische Texte – von Brecht und Keller – kontrastieren mit aktuellen Aussagen von Personalmanagern. Dabei wird jedoch deutlich, dass auch in den historischen Texten Fragen auftauchen, die nach wie vor aktuell sind: z. B. Warum muss ich überhaupt lernen? Kann man nicht auch ohne Fleiß Erfolg haben, wenn man nur die genügenden Statussymbole und Beziehungen hat?
Im Sprachbuchteil geht es zunächst um die Schreibaufgaben Bewerbungsschreiben und Lebenslauf. Den Schülern wird bewusst, dass sie hier einerseits standardisierte Vorgaben erfüllen müssen, dass sie aber dennoch immer selbst reflektieren müssen, was sie sagen und wie sie es sagen – in Abhängigkeit vom Verwendungszusammenhang. Das Spannungsverhältnis zwischen Authentizität und Anpassung gilt es ferner zu bedenken. Typische Fehler werden ausdrücklich thematisiert, auch auf dem Gebiet der Etikette (z. B. Anredeformen). Die Normen für standardisierte Texte unterliegen jedoch einem gewissen Wandel und können je nach Kontext stark differieren. Auch darauf sollten die Schüler hingewiesen werden.
Das Vorstellungsgespräch sollte ebenfalls nicht als „Dressursituation" behandelt werden, sondern als Anlass, grundlegende Kompetenzen am Beispiel zu schulen und dadurch Sicherheit auch in ähnlichen Situationen zu vermitteln. Ziel ist es, Versagensängste abzubauen, typische Mechanismen zu durchblicken und sich der eigenen Rolle bewusst zu werden.
Das Kapitel endet mit dem „Praktikumsbericht", einer Schreibaufgabe, die wahrscheinlich im Einzelnen von Schule zu Schule unterschiedlich gehandhabt wird. Da es aber auch hier nicht darum geht, ein starres Schema ohne Nachdenken auszufüllen, sondern selbstständige Entscheidungen bezüglich Inhalt, Aufbau und Sprache zu treffen, wird der Schüler angeregt, über den Situations- und Adressatenbezug nachzudenken und mit Darstellungsformen zu experimentieren, um die jeweils am besten passende Lösung zu finden.

Lösungen zu den Aufgaben der Lesetexte

0 Bertolt Brecht, Ich habe gehört, ihr wollt nichts lernen (S. 208)

Aufgabe 1

- großer persönlicher Reichtum
- Eltern haben zukünftige Wege geebnet
- Führer sagen einem, was man zu machen hat

Aufgabe 2

Anspielung auf die Ideologie Hitlers. „Rezepte, die immer helfen" (Z. 16): Ironie – Hitler warb mit solchen Parolen, die aber nicht der Wirklichkeit entsprachen bzw. große Bevölkerungsteile ausgrenzten und zu deren Vernichtung führten. „Wo so viele für dich sind" (Z. 17) – ebenfalls Ironie, da es kein Regime gibt, das den Menschen garantieren kann, dass diese nicht arbeiten und sich nicht weiterbilden müssen.

1 Gottfried Keller, Der Schmied seines Glückes (S. 210)

Aufgabe 1

„Jeder ist seines Glückes Schmied": Glück ist nicht eine Frage des Zufalls oder eine Art Geschenk, sondern jeder kann durch eigenes Handeln und Verhalten dafür sorgen, dass er Glück hat. Bezieht sich vor allem auf beruflichen Erfolg, der durch Fleiß und Engagement erreichbar ist.

Aufgabe 3

Da nur der Anfang der Novelle gegeben ist und die Schüler nicht wissen, ob der Plan des Kabys gelingt oder nicht, sind grundsätzlich noch beide Deutungen möglich:
- Wenn die Pläne fehlschlagen: Keller macht sich lustig über die unsinnigen Aktivitäten des Kabys, die nur auf Äußerlichkeiten zielen und kein Fundament für soliden Erfolg darstellen. Die Hauptfigur ist damit eine Art Hochstapler.

- Wenn die Pläne gelingen: Kabys Verhalten würde dann eine heute verbreitete Vorstellung stützen, dass Kleidung, Auftreten und Statussymbole eine wesentliche Vorbedingung von Erfolg sind.

Kellers Novelle endet mit der ersten Version. Außerdem deutet schon eine Reihe von Ironiesignalen im Text auf diese Variante hin: z. B. wird die Namensänderung als Unfug (Z. 10) bezeichnet, ferner Faulheit als „kluges Abwarten" (Z. 16) usw. Die Mazeppa-Figur auf der Zigarrenspitze (Z. 52) schließlich deutet auf sein zukünftiges Schicksal hin (er verführt die Frau eines reichen alten Mannes, die aber – statt mit dem Vermögen zu Kabys überzuwechseln – das Kind als ersehnten Stammhalter ihrem Mann präsentiert). Die Ausstattung insgesamt erscheint Kabys als „kühn entworfener Lebensrahmen" (Z. 60), obgleich es sich in Wirklichkeit um eine Ansammlung von Firlefanz („Behänge eines geschmacklosen eitlen Mannes", Z. 63) handelt.

Aufgabe 5

Die Originalnovelle eignet sich gut als Ganzschriftlektüre, da sie komisch und unterhaltsam ist und einen für die Schüler auch heute noch relevanten Themenkreis behandelt (Wie erreicht man Glück/Erfolg? Welche Rolle spielen Äußerlichkeiten? Kann ein unrechtes Verhalten zum dauerhaften Glück führen? Kann man sein Glück berechnen? Ist Arbeit etwas, was man eher vermeiden oder sich wünschen sollte? usw.)

2 Soziales Engagement als Auswahlkriterium (S. 212)

Was soz. Eng. zeigt	Beispiele	weitere Qualifik.
Allianz - Erfassen menschl. Situationen - Umgang mit Menschen (Kunden) - Engagement für andere Menschen ➔ Kundenorientierung, Dienstleistungsverständnis	- hohes Engagement in Freizeit - Sportverein	- selbstständiges Lernen - Eigenverantwortlichkeit - hohes Engagement - schulische Kenntnisse
Lufthansa		- gute Noten in M,D,E - außerschulische Erfahrungen, z. B. Auslandsaufenthalte, Jobs, Praktika
L'Oréal - Bereitschaft, Verantw. zu übernehmen - Begeisterungsfähigkeit - Bereitschaft zur Leistung - Eigeninitiative - Team- und Integrationsfähigkeit	- Arbeit mit behinderten Kindern	

Bedeutsamkeit des sozialen Engagements (s. E.) in den verschiedenen Branchen auf der Basis der drei Aussagen, die sicher keine Repräsentativität beanspruchen können, aber möglicherweise Tendenzen aufzeigen: Die Versicherung sagt, sie „berücksichtige" s. E., vor allem aber als Indikator für Engagement und Kundenorientierung. Der Luftfahrtkonzern bezeichnet s. E. zwar als „wichtig", nennt dann aber als entscheidende Qualifikationen allein Noten und die berufsspezifische Aktivitäten. Der Kosmetikkonzern spricht sich entschieden für s. E. aus und sieht in ihm einen Indikator für Schlüsselqualifikationen und Einstellungen, die dem Konzern „sehr wichtig" sind.

Lösungen zu den Aufgaben im Sprachbuchteil

Sich richtig bewerben

Aufgabe 1 oben / Seite 215

1 Absender mit Mailadresse
2 Ort und Datum
3 Adressat mit Anschrift

4 Betreff
5 Anrede
6 Woher man von der Stelle erfahren hat, Bewerbungswunsch
7 Derzeitige Situation
8 Begründung, warum man sich gerade auf diese Stelle bei dieser Firma bewirbt
9 Eigene Qualifikationen
10 Schlussformeln: Hoffnung auf Einladung, Gruß, Unterschrift
11 Anlagen

Aufgabe 1 unten/ Seite 215f.

Zu saloppe Anrede
- Hallo Frau Dr. Schmied-Kovac
- Hi Frau Dr. Schmied-Kovac
- Liebe Frau Dr. Schmied-Kovac

Name unvollständig oder falsch geschrieben
- Sehr geehrte Frau Dr. Schmied
- Sehr geehrte Frau Dr. Schmidt-Kovac

Doktortitel fehlt oder falsch geschrieben
- Sehr geehrte Frau Schmied-Kovac
- Sehr geehrte Frau Doktor Schmied-Kovac
- Sehr geehrte Frau Doktorin Schmied-Kovac

Vorname wird nie in der Anrede verwendet
- Sehr geehrte Frau Dr. Angelika Schmied-Kovac
- Sehr geehrte Frau Angelica Schmied-Kovac
- Sehr geehrte Frau Dr. A. Schmied-Kovac

Funktion wird nur bei bestimmten Berufen (Pfarrer, Minister ...) in der Anrede verwendet
- Sehr geehrte Frau Abteilungsleiterin Dr. Schmied-Kovac
- Sehr geehrte Personalchefin
- Sehr geehrte Leiterin der Personalabteilung, Frau Dr. Angelika Schmied-Kovac

Zweifelfall (Anrede, die mehr und mehr anzutreffen ist, aber noch immer von vielen als zu wenig Schriftdeutsch angesehen wird):
- Guten Tag Frau Dr. Schmied-Kovac

Aufgabe 2 / Seite 216

- Ich würde mich Ihnen gern vorstellen und bitte Sie um einen Termin in Ihrer Firma.
- Die Bescheinigungen über meine Praktika lege ich bei. Bitte schicken Sie sie mir zurück, wenn Sie sie nicht mehr benötigen.
- Ich interessiere mich schon lange für ökologisch orientierte Unternehmen und speziell für die Frage, wie S/sie I/ihren Anspruch, Wirtschaftlichkeit und Umweltschutz zu verbinden, verwirklichen. [Beides möglich, aber unterschiedlicher Sinn]
- Bei meinen Ferienpraktika hatte ich bereits viel mit Kunden zu tun. Ich musste ihnen z. B. selbständig auf Anfragen antworten.
- Ich wäre Ihnen für eine Einladung zu einem Gespräch dankbar, in dem ich Ihnen gerne auf all Ihre Fragen antworte.
- Auf Ihre Firma wurde ich durch meine Tante und meinen Onkel, Lena und Dennis Grubmann, aufmerksam. Da sie bei Ihnen arbeiten, haben sie mich schon in zahlreichen Gesprächen über die interessanten Ausbildungsmöglichkeiten bei Ihnen informiert. Ich habe es ihnen auch zu verdanken, dass ich von Ihrem zusätzlichen Praktikantenplätzen erfahren habe.
- Da meine ältere Schwester in einem ähnlichen Unternehmen in Berlin arbeitet, habe ich schon Branchenkenntnisse, die ich gerne in Ihre Firma einbringen würde. Lassen Sie sie mich in einem Gespräch unter Beweis stellen
- Ich habe im letzten Jahr bereits einen Ferienjob in der Firma Bacher & Weber gehabt. Ich denke, dass ihre Firmenstruktur mit Ihrer vergleichbar ist.

Aufgabe 3 / Seite 217

- Bitte laden Sie mich ein.: zu direkt, zu fordernd
- Ich will unbedingt ... : zu forsch
- Ich tu gerne ... : zu umgangssprachlich
- Ich kann mich total begeistern für ... : zu überschwänglich

- Es wäre mir eine große Ehre ...: zu gekünstelt
- Ich hab vor ... : zu umgangssprachlich
- Es wäre lieb von Ihnen: zu vertraulich, zu privat

Aufgabe 4 / Seite 217

Beispiel 1: Bilde vollständige Sätze.
Beispiel 2: Konstruiere in Satzgefügen korrekte Nebensätze oder bilde eigenständige Hauptsätze.

Aufgabe 5 / Seite 218

- Ich würde gerne während der Schulferien bei Ihnen arbeiten, auch an den Ostertagen.
- Meine ältere Schwester arbeitet bereits im Einzelhandel, wodurch mir die Teilbereiche schon bekannt sind.
- Ein Vertreter Ihrer Firma kam zu einem Informationsabend an unsere Schule. Bei der Gelegenheit erhielt ich diverse Broschüren mit Ihren Ausbildungsangeboten.
- Ich habe schon drei Praktika absolviert, alle mit gutem Erfolg, eines sogar im Ausland.
- Die Erfahrungen in Ihrem Betrieb würden mir für meine zukünftige Berufswahl und für meine weitere Schullaufbahn viel nutzen.
- Ihre Firma hat Kontakte ins Ausland, was mich sehr interessiert.

Aufgabe 1 / Seite 218

Wichtig ist, dass die Schüler darauf hingewiesen werden, dass ein Lebenslauf zwar wahrheitsgemäß verfasst sein muss, dass er aber immer eine Auswahl darstellt, die sich nach dem Verwendungszusammenhang richtet. Dringend sollten alle Schüler darauf hingewiesen werden, dass sich inzwischen sehr viele Arbeitgeber oder sonstige Stellen per Suchmaschinen im Internet über Bewerber informieren. Der gelungenste „Lebenslauf" kann keine Homepages kompensieren, in denen sich der Bewerber oder die Bewerberin aus der Sicht des Arbeitsgebers unvorteilhaft darstellt.

Aufgabe 2 / Seite 218

Auch hier ist abzuwägen, dass das Foto nicht ein völlig anderes Bild als die Realität vermitteln soll, dass es aber so gestaltet sein soll, dass unerwünschte Assoziationen unterbleiben, wobei die Frage, was unerwünscht ist, vom Adressaten und dessen Stellenprofil abhängt. z. B. sollte die Kleidung ungefähr der entsprechen, die auch an dem Platz, für den man sich bewirbt, üblich ist. Häufig werden als unpassend empfunden:
- nackte Schultern
- Hobbykleidung (z. B. Sportattribute)
- auffällige Piercings und stark auffallender Schmuck
- „inszenierte" Posen und Mimik
- Sonnenbrille

Auch sollte der Hintergrund neutral sein.
Wichtig ist ferner, dass das Bild einen freundlichen Eindruck vermittelt, scharf und ausgeleuchtet ist und eine gewisse Qualität aufweist (kein Automatenfoto).

Aufgabe 1 / Seite 222

Ratschläge, die dem links abgebildeten Bewerber zu machen wären:
- Dramatisiere nicht die Situation. Mach dich nicht selbst nervös.
- Sei in der Bewerbungssituation körperlich fit (Schlaf, Bewegung, leichte und gesunde Ernährung, kein Alkohol, kein Nikotin)!
- Rede den Interviewern nicht nach dem Mund, sondern sei authentisch.
- Lüge nicht.
- Rede dir nicht ein, dass Leistung nicht zählt. Sei leistungsbereit und zeige dies.
- Rede dich nicht damit heraus, dass du nichts dafür kannst, wenn andere genommen werden, sondern überlege, wie du deine Fähigkeiten überzeugend präsentieren kannst.
- Trau dir selbst etwas zu!

Ratschläge, die die rechts abgebildete Bewerberin geben könnte:
- Betrachte die Bewerbungssituation als Chance!
- Informiere dich gründlich über die Stelle und das Unternehmen.
- Durchdenke in Ruhe, was du sagen willst.
- Spiele die Bewerbungssituation mit einer erwachsenen Person deines Vertrauens durch.
- Lass dich nicht entmutigen, sondern betrachte die Bewerbungsgespräche als Lernchancen.

- Lege dich nicht innerlich total auf eine bestimmte Stelle fest. Manchmal weiß man nicht, wofür auch eine Absage gut sein kann ...

Aufgabe 2 / Seite 222

Erläuterungen:

1 Fasse deinen Lebenslauf zusammen: Das sollte man vorher üben, damit man nicht zu lang spricht und sich auf Wesentliches beschränkt.
2 Was weißt du über unsere Firma/Einrichtung? Man sollte die Informationen, die über offizielle Quellen zugänglich sind (Homepage, Infobroschüren) genau kennen.
3 Warum hast du dich bei uns beworben? Man sollte sich dabei aber nicht negativ über andere Firmen äußern.
4 Warum hast du dich auf diese Stelle beworben? Es wäre gut, wenn man schon etwas über die Art der Tätigkeit weiß.
5 Nenne drei Stärken und drei Schwächen von dir. Hier gilt: Im Positiven nicht zu dick auftragen, im Negativen keine Eigentore schießen.
6 Warum wollen wir ausgerechnet dich einstellen? Nicht negativ über andere reden. Nicht zu sehr sich selbst loben. Versuche, aus der Perspektive des Arbeitgebers zu argumentieren.
7 Welche Tätigkeiten magst du nicht? Diese Tätigkeiten sollten natürlich nicht zu deinem künftigen Kerngeschäft zählen. Wenn du etwas nicht magst, weil du es noch nicht kannst, zeige dich lernwillig.
8 Kannst du unter Termindruck arbeiten? Begründe deine Bejahung mit einem wahren Beispiel.
9 Wie verbringst du deine Freizeit? Schieße keine unnötigen Eigentore. Arbeitgeber sind meist an Bewerbern interessiert, die sich weiterbilden, sich sozial engagieren, sich wirklich regenerieren.

Höfliche Antwortverweigerung, z. B.: Ich glaube, ich muss auf Fragen dieser Art keine Antwort geben, ich kann Ihnen aber versichern, dass ich nichts tue, was mit meiner Tätigkeit in der Firma in Konflikt geraten könnte.

Aufgabe 4 / Seite 222

Ausgeprägtes Interesse an Freizeit und eigenen Vorteilen – noch bevor etwas geleistet wurde – kommt nicht gut an.

Aufgabe 1 / Seite 224

Grundsätzlich wird der Zweck des Praktikumsberichts im jeweiligen schulischen Zusammenhang definiert. Die Liste soll daher für Lehrer und Schüler Anlass sein, im Gespräch zu klären, welchen Zweck der Bericht in dem bestimmten Kontext hat. In Frage kämen dabei z. B. folgende Punkte (wenn man sie durchnummeriert): 1, 3, 4, 6, 7, 11. Zu ergänzen wären ggf. weitere spezielle Zielsetzungen des Praktikumsberichts.

Aufgabe 2 / Seite 224

Welche Aufgaben überflüssig sind, ergibt sich spiegelbildlich aus Aufgabe 1. Die Rangfolge hängt von der jeweiligen schulischen Situation ab.

Aufgabe 3 / Seite 224

- Tabellenform: 1, 7. Zusammenhängender Text: 3, 4, 6, 11
- Skizzen: evtl. zur Erklärung der Tätigkeiten, die ausgeübt wurden: 1, 3. Überflüssig wären meist Wegbeschreibungen, Lagepläne des Unternehmens o.ä.
- Stil: sachlich, jedoch Ich-Form
- Layout: Die Schüler erkennen, was lesefreundlich und was lesehinderlich ist am besten durch Experimentieren am Computer. Verschiedene Seitenlayouts sollten entworfen, projiziert und gemeinsam besprochen werden. Daraus sind Standards für die äußere Form des Berichts abzuleiten.

Aufgabe 2 / Seite 225
Quelle: Bundesagentur für Arbeit
http://www.planet-beruf.de/Kaufmann-frau-Gro.1621.0.html?&type=100 *(abgeändert)*

Datum: 11.05.2009			
	Arbeit/ Tätigkeiten	**eigene Tätigkeiten**	**Einschätzung und Bewertung**
8:00–8:30 Uhr	Kontrolle der E-Mails: Sortierung nach Wichtigkeit	–	sofortiger Einstieg
8:30–10:00 Uhr	Überprüfung des Lagerbestands mit Hilfe des Warenwirtschaftssystems der Firma	Feststellen der Anzahl der nötigen Nachbestellungen	ein paar Schwierigkeiten mit dem Programm
10:00–12:00	Nachbestellung von Waren: Überprüfung von Mengen	–	viele neue Erfahrungen
12:45–14:00 Uhr	Bestellung für Neuproduktion: Überprüfung der Verkaufszahlen, Einholen der Zustimmung des Chefs für den Auftrag zur Neuproduktion	Bestellung an den Lieferanten	positiv
14:00–14:45 Uhr	Bearbeitung von Rechnungen: Überprüfung auf Richtigkeit, Abzeichnung durch Susan Kahleys und ihren Vorgesetzten, Versand an die Hauptbuchhaltung	Kopie der Originale für die Ablage	Teil dieses Berufes
14:45–15:45 Uhr	Pflege der Umsatzzahlen	Hilfe bei der Tabellenerstellung	Notwendigkeit hoher Konzentrationsfähigkeit, anstrengend und interessant

Aufgabe 3 / Seite 227
Individuelle Lösungen

Aufgabe 4 / Seite 228
Individuelle Lösungen, kann auch anhand des im Buch abgedruckten Organigramms geübt werden, wenn die Schüler noch kein Praktikum gemacht haben.

Zusatzmaterial

Als vertiefende Literatur wird empfohlen:

Monika Hoffmann: after school. Berufswahl: Wer bin ich? Was kann ich? Was will ich?
Nürnberg: BW Bildung und Wissen Verlag und Software GmbH, 2005

Gina Schulze: Arbeit – Leben – Glück. Wie man herausfindet, was man werden will.
München: dtv 2005

Übung macht den Meister – Lösungen

Übungen zur Wiederholung, Intensivierung und Vertiefung

Einheit 1 zu „Bildschirm, Bytes und Botschaften"

Übungen zu: Kenntnisse der Fremdsprachen nutzen und Sprachbewusstsein entwickeln

M 1 / Seite 230

Unterschiede: deutliche Zunahme der englischsprachigen Einträge, teils andere Schreibweise wegen Rechtschreibreform
Gründe: zunehmender Einfluss des Englischen auf Europa durch Globalisierung (viele englischsprachige Fernsehsender in Deutschland verfügbar), durch die Anglisierung der Werbesprache und durch die Notwendigkeit neuer Wörter z. B. im technischen Bereich (vgl. Paycard oder der gesamte Bereich der Computer)

S 1 / Seite 230

Anglizismus	deutsche Entsprechung	eher ungewöhnlich oder unpassend	passend
Coffee-to-go	Kaffee zum Mitnehmen		x
outsourcen	etwas ausgliedern, nach außen verlegen, z. B. Arbeitskräfte ins Ausland		x
Meeting	(Geschäfts-) Besprechung		x
take-away-food	Essen zum Mitnehmen		x
Snail-Mail	Schneckenpost/ Briefpost im Gegensatz zum E-Mail		x aber andere (negativere) Konnotation im Englischen
Info-Point	Informationsschalter		x
Drive-in-Restaurant	Schnellgaststätte	x	
Lunch-Paket	Mittagessenpaket	x	
Hotline	Telefonanschluss für schnelle Serviceleistungen	x	
Entertainer	Unterhaltungskünstler		x
Event	Großveranstaltung	x	
Bodyguard	Leibwächter		x
Loser	Verlierer		x
downloaden	herunterladen		x
Backshop	Bäckerei		x
Airbag	Prall-/Luftkissen	x	

S 2 / Seite 231

Anglizismus	Bedeutung im Deutschen	Bedeutung im Englischen
Public Viewing	öffentliches „Freilichtfernsehen", geprägt bei der Fußball-WM 2006	amerikanisches Englisch: öffentliche Aufbahrung eines Verstorbenen
Bodybag	Umhängetasche mit einem Gurt, die am Körper getragen wird	Leichensack zum Abtransportieren
Blockbuster	Kassenschlager, erfolgreicher Kinofilm	Im 2. Weltkrieg: wurden schwere Luftminen blockbuster (= Wohnblockknacker) genannt.
Stream	Datenstrom/ -kette im Internet	auch: Bach

S 3 / Seite 231

- Das macht keinen Unterschied, ob ich mich heute oder morgen entscheide.
  <u>Es gibt</u> keinen Unterschied/ <u>Es ist egal</u>, ...
  engl.: That makes no difference ...
- Nach dem Nachhauserennen aß er sofort etwas.
  <u>Nachdem er nach Hause gerannt war</u>, aß er sofort etwas. (besser: Nebensatz statt Partizipkonstruktion)
  engl.: After running home he ate something at once.
- Das macht doch keinen Sinn!
  Das <u>ergibt</u> doch keinen Sinn!
  engl.: That makes no sense at all!
- *In* 2009 waren wir in den Ferien in Spanien.
  <u>2009 / Im Jahr 2009</u> waren wir in den Ferien in Spanien.
  engl.: In 2009,we were on holiday in Spain.
- Ich <u>entspanne</u> am besten im Schwimmbad.
  Ich entspanne <u>mich</u> am besten im Schwimmbad
  engl.: I <u>relax</u> best in the swimming pool. (im Englischen intransitiv)
- Wie heißt das *in* Deutsch?
  Wie heißt das <u>auf</u> Deutsch?
  engl.: What's that <u>in</u> German?

M 2 / Seite 231

- Freizeiting (Sporting, Turning, Gymnasting) -

http://www.vds-ev.de/literatur/humor/k_retkowski2.php
<u>Pointe:</u> Darstellung einer lächerlichen Sportart im Hintergrund, die durch eine englische Bezeichnung aufgewertet werden soll. Außerdem besteht die Pointe in der Bildunterschrift, die u. a. ein deutsches Substantiv zu einem englischen Verb mit der -ing enthält: Freizeiting.

<u>Sportarten:</u>
- Outdoor/ Indoor: Sport, den man draußen oder drinnen treiben kann
- Running: laufen
- Jogging: joggen / locker laufen
- Walking: schnelles gehen
- Climbing: klettern
- Trecking: wandern
- Biking: Rad fahren
- Sailing: segeln
- Rafting: mit einem Floß oder Boot auf einem (wilden) Fluss fahren
- Skating: Rollschuh laufen
- Jumping: springen
- Boarding: besteigen
- Spinning: schnelles Radfahren
- Dancing: tanzen
- Stretching: dehnen
- Bodybuilding: Krafttraining
- Bodystyling: Formung des Körpers
- Bodydrilling: schweißtreibendes Ganzkörpertraining
- Fat Burning: Sport, bei dem man Fett verbrennt

S 4 / Seite 232

Text 1:
Quelle: http://wissen.spiegel.de/wissen/image/show.html?did=49067625&aref=image036/2008/03/04/ROSPKO200604001820198.pdf&thumb=false
gekürzt

Text 2:
Quelle: http://www.focus.de/kultur/leben/pro-englisch-ist-geschaeftssprache_aid_175666.html
an die neue Rechtschreibung angepasst

Kontra Anglizismen – Text 1	Pro Angliszismen – Text 2
– Angst vor dem internationalen Siegeszug des Englischen: Schwund von 20%, die Deutsch als Fremdsprache lernten, in 5 Jahren (Z. 1–6) – Vernachlässigung der eigenen Sprache (Z. 7) – Zunehmende Wichtigkeit von SMS, Chatrooms, ... als Mitursache für den Einzug des Englischen (Z.13–16) – Verkürzung der Sätze (Z. 17–24)	– Abstimmung auf eine bestimmte Zielgruppe in der Werbebranche/ Kundenorientierung (Z. 1–6) – Internationalität (Z. 8) – Englisch als Geschäftssprache (Z. 13) – Globalisierung (Z. 14) – präzisere Formulierungen (Z. 19) – Vermittlung von Emotionen (Z. 20f.)

Argumente sind markiert:
Text 1:

Deutsch for sale
Von Mathias Schreiber

Die deutsche Sprache wird so schlampig gesprochen und geschrieben wie wohl nie zuvor. Auffälligstes Symptom der dramatischen Verlotterung ist die Mode, fast alles angelsächsisch „aufzupeppen". Aber es gibt eine Gegenbewegung.

Zwar haben zurzeit über 101 Millionen Menschen in Europa Deutsch als Muttersprache. Und weltweit lernten im Jahr 2005 16,7 Millionen Menschen Deutsch – aber 2000 hatte die Welt-Deutschstunde noch 20,1 Millionen Teilnehmer. Ein Schwund von 3,4 Millionen oder fast 20 Prozent in nur fünf Jahren. [...] Die Furcht vor dem Bedeutungsschwund des Deutschen wird weniger durch die **mickrige Geburtenrate** des Landes oder den **internationalen Siegeszug des Englischen** genährt als durch die seltsamste Leidenschaft, die ein Volk nur befallen kann: die fast paranoide **Lust der Deutschen an der Vernachlässigung und Vergröberung des eigenen Idioms.** [...]
Die „sprachlich-moralische Verluderung" des Deutschen, die der Germanist Wolfgang Thierse, Vizepräsident des Bundestags, beklagt hat, ist nicht auf bestimmte Krassheiten des Jugendjargons beschränkt. Sie greift lange schon aus auf immer mehr Felder der sprachlichen Kommunikation aller Schichten, Generationen, Institutionen und Milieus. „Weithin", schreibt der Sozialwissenschaftler Meinhard Miegel in seinem jüngsten Buch, „drohen sprachliche Fähigkeiten auf SMS-Niveau abzusinken". Das Handy, zumal seine ablesbaren **„SMS"-Kurznachrichten** („CU im East?" – gemeint ist „see you ..."), aber auch der E-Mail-Verkehr übers Internet, mitsamt den dort üblichen **„Chatrooms", „Download-Portalen" und „Websites"**, sind nicht nur Medien dieses Verlusts, sondern **Mitursachen.** [...]
Nicht einmal die gehobene Schriftsprache, die immer schon einen mehr oder weniger deutlichen, normativ verstandenen Feierlichkeitsabstand zum Alltagsdeutsch wahrte, bleibt von alldem unberührt: Lange, architektonisch raffiniert gebaute **Sätze**, wie sie bei Kleist, Thomas Mann, Thomas Bernhard, sogar noch bei dem jungen Daniel Kehlmann zu finden sind, sterben allmählich aus. [...] In den Sätzen von Goethe und Heine lag die durchschnittliche Zahl der Wörter noch bei 30 bis 36. [...] Heutige Zeitungstexte begnügen sich mit 5 bis 13 pro Satz. Auf dem Boulevard, doch auch im seriöseren Radio und Fernsehen ist der simple Vier-Wörter-Satz Trumpf. Muster: „Der Nahe Osten brennt." Steuern wir auf das Ideal der Comic-Sprechblase zu?

Text 2:

„Englisch ist Geschäftssprache"

Der Geschäftsführer der Agentur Bates Germany, Uli Veigel, verteidigt den Gebrauch von Anglizismen in der Werbung.

FOCUS: Ihre Agentur kreiert öfters englischsprachige Slogans für den deutschen Werbemarkt.
Veigel: Es ist nicht unser Credo, vor allem englische Claims zu entwickeln. **Wir kreieren das, was der Markt, die Marke und die Zielgruppe brauchen.** Als Agentur haben wir viele deutsche Slogans wie „Beck's Spitzen-Pilsener von Welt" oder „Liebe ist, wenn es Landliebe ist" entwickelt. Aber auch einige auf Englisch, etwa für Lufthansa Cargo „Thinking in new Directions" oder für First Telecom „You can't beat the First".
FOCUS: In welchen Fällen halten Sie Englisch für besser?
Veigel: **Bei internationalen Kampagnen** ist es sehr überlegenswert. Der Spirit von Lufthansa Cargo muss weltweit begriffen werden.
FOCUS: Warum texten Sie nicht in Deutschland „In neue Richtungen denken", in Frankreich „Nouvelles directions de la pensée" und so weiter?
Veigel: Das machen wir auch. Wir texten für Seat in der jeweiligen Landessprache. Aber bei Kunden wie Lufthansa Cargo ist **Englisch** nun mal **Geschäftssprache**. Wir leben im **Zeitalter der Globalisierung**, der Mega-Companys. Da müssen wir Länderinteressen zurückschrauben und uns fragen: Was ist im Ganzen das Beste für die einzelne Marke?
FOCUS: Es kommt wohl auch auf das Alter der Zielgruppe an?
Veigel: Ja. Aber selbst für die **Zielgruppe** „Top- oder gehobenes Management", also auch gestandene Persönlichkeiten, empfiehlt sich oft Englisch. Die Leute leben ja auch in dieser Sprache. Hinzu kommt: **In Englisch kann man oft präziser formulieren.**
FOCUS: Man kann damit auch **leichter beeindrucken** ...
Veigel: Ein wichtiger Job eines Kommunikators ist es, **Gefühlswerte** rüberzubringen. Nehmen Sie das Beispiel New Beetle, da ist es absolut richtig, die englische Sprache zu benutzen.
FOCUS: Können Sie die Kritik an den Anglizismen im Deutschen verstehen?
Veigel: Ich habe großen Respekt vor dem Verein zur Wahrung der Deutschen Sprache. [...] Wir sollten dafür sorgen, dass unsere Kinder das Kulturgut deutsche Sprache verstehen und die deutsche Literatur kennen lernen. Trotzdem sollten sie mindestens vier Sprachen sprechen und kosmopolitisch im Kopf sein.

S 5 / Seite 234

Definition
Anglizismen sind besonders Wortentlehnungen aus dem Englischen, die dann unterschiedlich stark an das Laut-, Schreib- und Grammatiksystem der eigenen Sprache angepasst werden. Man kann sie aber nicht nur auf der Wort-, sondern auch auf der Satzebene feststellen, wofür die Wendung „Sinn machen" (engl. to make sense) als Beispiel dienen kann.

Statistik
Viele Anglizismen verwenden wir tagtäglich, ohne uns groß Gedanken darüber zu machen. Dabei störten sich 2008 laut einer Umfrage der Gesellschaft für deutsche Sprache 39 % der Befragten an Lehnwörtern aus dem Englischen.

Zitat
„Ich habe mit den 99 Luftballons bewiesen, dass man nicht englisch singen muss, um im Ausland Erfolg zu haben. Die Amis fanden die deutsche Version viel spannender", so die Sängerin Nena. Dennoch glauben viele deutsche Künstler auf Englisch mehr Erfolg haben zu können. Der Einzug des Englischen in die deutsche Sprache ist bereits weit vorgeschritten.

Historischer Rückblick
Während in den 1990er Jahren und zu Beginn des neuen Millenniums Anglizismen geradezu „in" waren, kann man seit ein paar Jahren einen Rückgang der englischen Ausdrücke in der deutschen Sprache feststellen. Dazu braucht man nur einmal Werbeslogans zu betrachten, die vor nicht allzu langer Zeit noch sehr oft englisch waren, nun aber auf Deutsch ihre Produkte anpreisen.

S 6 / Seite 234

- **Einleitungen:**

Schon seit einiger Zeit wird die deutsche Sprache von englischen Wörtern regelrecht „aufgefressen". Beispiele dafür sind Ausdrücke wie „cool", „Job-Center" oder „Brainstorming". Ob das wirklich notwendig ist oder nicht doch vermieden werden kann, soll im Folgenden erörtert werden.

zu einseitig für die Einleitung einer dialektischen Erörterung ? keine eigene Meinung, nur neutrale Darstellung des Themas

Anglizismen beeinflussen die deutsche Sprache. Daran besteht kein Zweifel. Ob das gut oder schlecht ist, ist noch offen.

inhaltlich in Ordnung, aber zu knapp gehalten, bessere Formulierung für den letzten Satz wünschenswert:
„Doch diese Entwicklung wird nicht nur positiv gesehen, denn nach Aussagen einiger Sprachforscher birgt sie auch Gefahren in sich.

- **Hauptteil:**

Englische Wörter im Deutschen erleichtern oft die Verständigung, wenn es z. B. um fachsprachliche Ausdrücke geht. Gerade im Bereich der Wirtschaft und im Management sind die Anglizismen nicht mehr wegzudenken. Denn wie sollte man auf Deutsch den Unterschied zwischen Meeting und Date erklären? So wird die Eindeutigkeit und Präzision der Begriffe erhöht.

besser: andere Beispiele, da Meeting und Date leicht durch Geschäftstreffen und Verabredung ersetzt werden können und zudem Date kein Begriff der Wirtschaft ist:
„Gerade im Bereich von Computer und Internet sind die Anglizismen nicht mehr wegzudenken. Denn wer weiß schon, was mit Mutterbrett oder Spaßstock gemeint ist? So wird die Eindeutigkeit und Präzision der Begriffe erhöht."

Der wohl größte Nachteil der Anglizismen ist die Gefahr der Verarmung der deutschen Sprache.

fehlende Beispiele bzw. Belege

- **Schluss:**

Ich bin der Meinung, dass man sich wegen der Anglizismen nicht so anstellen sollte. Sie bereichern die deutsche Sprache, auch wenn sie teilweise Wörter verdrängen. Trotzdem finde ich sie gut.

Man sollte keine Gegenargumente mehr erwähnen, die die eigene Entscheidung nicht unterstützen. Zudem zu kurz.

S 7 / Seite 235

Hinweis auf eine Autorität: Dazu hat der Verein für deutsche Sprache erst vor kurzem auf seiner Homepage einen Artikel veröffentlicht.

Hinweis auf nachvollziehbare Folgen: Eine Beispielgruppe bilden die falschen Anglizismen, die im Englischen nicht verstanden würden, wie z. B. Handy, das ein tragbares oder Mobiltelefon ersetzt. Die Folge davon ist die Verarmung des Wortschatzes.

überprüfbare Beweise: Wer hat nicht schon einmal bei einem aus dem englischen stammenden Wort lange über die Bedeutung nachgedacht. So ergab z. B. eine Umfrage, dass die viele Leute Werbesprüche auf Englisch nicht korrekt verstehen.

S 8 / Seite 235

Individuelle Lösungen, in der jedoch oben genannte Argumente verwendet werden können.
weiteres Material:
http://vds-ev.de/verein/sprachnachrichten/sn2006-02.pdf (Sammlung von Artikeln über Anglizismen und Lehnwörter)
auch zum Anhören unter http://vds-ev.de/verein/sprechnachrichten/index.php

Einheit 2 zu „Zusammenleben in einer Welt"

Übungen zu: Sachtexte und diskontinuierliche Texte verstehen

S 9 / Seite 236

1. Absatz: zu hohe Fangquoten
2. Absatz: Auswirkungen der Reduzierung der Fischbestände
3. Absatz: Negative Folgen für die Nahrungskette
4. Absatz (nach Säuger in der 2. Spalte): Produkte aus kleineren Fischarten
5. Absatz: Zerstörung des Ökosystems durch moderne Fischereipraktiken
6. Absatz: Das Raubbau-Syndrom (inkl. Infokasten)

(3. und 4. Absatz können auch als Einheit gesehen werden)

S 10 / Seite 238

	trifft zu	**trifft nicht zu**
Fischerei hat eine große Auswirkung auf das Ökosystem Meer.	x	□
Die Fangquoten schützen die Fischbestände.	□	x
Überfischung bedeutet, dass zu viele Fische einer Art in einem bestimmten Meeresabschnitt vorhanden sind.	□	x
Überfischung kann zu einer Reduktion um 95 % der ursprünglichen Fischmenge führen.	x	□
Heute sind weltweit 50% der Meeresfischbestände gefährdet.	□	x
Der Eingriff in die Nahrungskette durch das Fischen besonders kleiner Fische ist nicht so drastisch.	□	x
Fischerei wird mit Hilfe von Schleppnetzen oder Bodenschleppnetzen betrieben, wobei beide ein großes Problem darstellen.	x	
Die Zerstörung bzw. Übernutzung der Meeresökosysteme wird als Degradation bezeichnet.		x
Der Raubbau kann wieder gut gemacht werden.		x

S 11 / Seite 238

http://www.chemgapedia.de/vsengine/media/vsc/de/ch/4/cm/phasen/bilder/nahrungskette.gif
in obiger Abbildung:

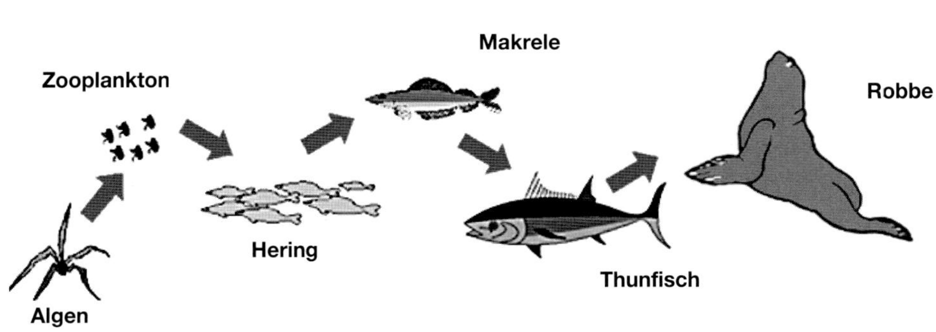

Plankton → kleinere Fischarten → größere Fischarten → marine Säuger
(Heringe/Makrelen) (Thunfisch)

S 12 / Seite 239

a) *„moderat oder gering befischt“:*
Es werden wenige Fische aus dem Bestand entnommen, so dass sich keine negative Auswirkung für den Gesamtbestand ergibt.
„am biologischen Limit befischt“:
In diesem Fall werden so viele Fische aus dem Bestand entnommen, dass der Gesamtbestand sich nur noch gerade eben erholen kann, aber eben „an der Grenze“ besteht.
„überfischt oder bereits erschöpft“:
Hier werden zu viele Fische gefangen, als dass der Bestand insgesamt auf dem gleichen Niveau bleiben könnte, d. h. der Gesamtbestand sinkt und ein Aussterben der Art droht.

b) Beantworte folgende Fragen zum Diagramm „Fischbestände auf offener See“.
- Wie hoch war der am biologischen Limit befischte Anteil der Fischbestände 1985? – 51 %
- Wie groß ist der Unterschied zwischen den gering befischten Fischbeständen zwischen 1974 und 2004? – Abfall um 16 %
- Zwischen welchen Jahren besteht der größte Unterschied in Bezug auf die gering befischten Fischbestände? – 1978 und 2004
- In welchen Jahren war der prozentuale Anteil der überfischten Fischbestände am höchsten, wann am niedrigsten? – am höchsten: 2000, am niedrigsten: 1978
- Wie hat sich der Anteil der am biologischen Limit befischten Bestände entwickelt. Betrachte dazu besonders die Daten von 1979 und 1997! – Sie sind in etwa gleich geblieben.
- Wie haben sich die gering befischten im Vergleich zu den überfischten Fischbeständen entwickelt? – Gegenläufige Entwicklung: Zunahme der Überfischung, Abnahme der gering befischten Bestände

S 13 / Seite 240

	richtig	falsch	nicht enthalten
Illegale Fänge haben sich seit 1950 vervierfacht.	x		
Die illegalen Fänge überfordern die Bestände.			x
Es wurden mehr als viermal so viel sonstige Fische gefangen.	x		
Zwischen 1985 und 1990 war die Menge der Wegwerffische besonders gering. (hoch)		x	
Peru-Sardellen werden im Vergleich zu den anderen Gruppen häufig gefangen. (nicht so zahlreich)		x	
Die Anzahl der gefangenen Bodenfische hat sich im Vergleich zu heute am wenigsten erhöht. (die der Wegwerffische)		x	
Muscheln, Krebse und Tintenfische sind eine sehr beliebte Delikatesse.			x
Es werde in etwa gleich viele Boden- wie sonstige Fische gefangen.	x		
Wegwerffische werden oft tot ins Meer zurückgeworfen.			x
Zwischen 1985 und 1990 wurden am meisten Fische gefangen.	x		
Besonders die große Fangmenge an illegalen Fängen 1986 bedingte die hohe Zahl von insgesamt 130 Mio. Tonnen. an Wegwerffischen		x	
Seit 1950 ist die Menge an gefangenem Fisch ständig gestiegen. (leicht sinkende Zahlen seit 1986)		x	
1960 wurden ca. 10 Tonnen sonstige Fische gefangen.	x		
1995 wurden mehr als 30 Tonnen Fisch illegal gefangen. (weniger, ca. 20 Tonnen)		x	
1990 wurden ca. 30 Tonnen Wegwerffische und Muscheln, Krebse und Tintenfische gefangen.		x	
Die Fangmenge erhöhte sich, weil die Anzahl der Menschen sich ebenfalls erhöhte.			x

S 14 / Seite 241

1. Liniendiagramm: Der Pro-Kopf-Verbrauch von Fisch hat sich von 1996 bis 2001 um 700g erhöht.

2. Kreis- bzw. Tortendiagramm: Hier sieht man den Anteil der Fischarten am Verbrauch: Der Alaska-Seelachs führt mit über einem Drittel die Liste deutlich an.

S 15 / Seite 241

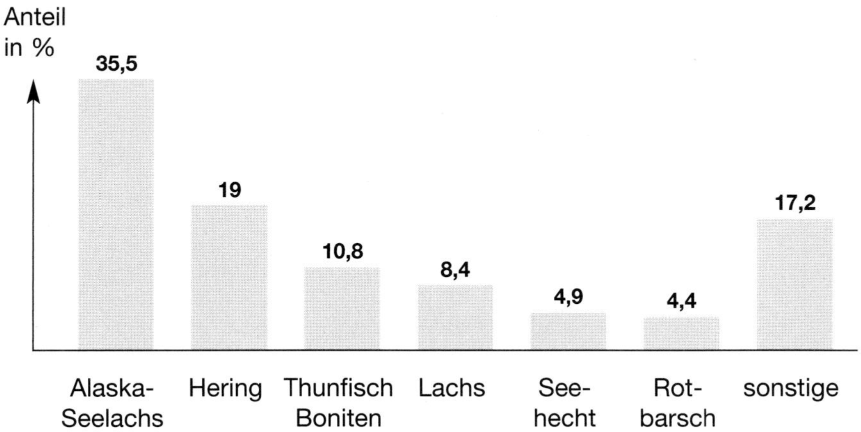

Aussagekraft: beide aussagekräftig, nur werden Säulendiagramme eher verwendet, um zeitliche Entwicklungen zu zeigen, was hier nicht gewollt bzw. nötig ist. Beim Tortendiagramm ist ein direkter Vergleich durch die Größe der einzelnen Sektoren möglich.

mögliche Ergänzung: Hinweis auf das Balkendiagramm, das sich nur durch die Drehung um 90° vom Säulendiagramm unterscheidet.

S 16 / Seite 241
Individuelle Lösungen

S 17 / Seite 241
Individuelle Lösungen

S 18 / Seite 241
Individuelle Lösungen

S 19 / Seite 241
Individuelle Lösungen

Einheit 3 zu „Gutes Klima?“

Übungen zu: Protokollieren

S 20 / Seite 242
statt: wir – sie, die Schüler, ...

zu TOP 1:
Herr Stegbauer ~~kommt wie immer zu spät ins Klassenzimmer und lässt uns aufstehen, damit wir endlich ruhig sind, was insgesamt drei Minuten in Anspruch nimmt~~. Dann gibt Herr Stegbauer bekannt, dass unsere nächste Schulaufgabe schon in zwei Wochen (genaues Datum) stattfindet, ~~wir also wenig Zeit haben, weil er seine Termine wieder 'mal nicht auf die Reihe gekriegt hat~~. Anschließend sagt er, dass wir als nächste Schulaufgabe ein Protokoll schreiben ~~müssen~~. ~~Mein Banknachbar meint, dass das angeblich eine sehr langweilige Aufsatzart sei, die man besonders für geschwätzige Schüler als Strafaufgabe braucht~~. Als Hausaufgabe müssen wir bis morgen (genaues Datum) ein Protokoll von dieser Stunde schreiben. (eigener TOP am Schluss)

zu TOP 2:
Herr Stegbauer sagt, dass das Protokoll das Ergebnis bzw. den Ablauf einer Diskussion, Sitzung, Unterrichtsstunde o.ä. wiedergeben soll. So kann man nachlesen, was besprochen oder beschlossen worden ist. Auch die Schülerzeitungsredaktion benötigt Protokolle, etwa, um zu sehen, wer welchen Artikel schreiben soll.

zu TOP 3:
Im Sprachbuch schauen wir uns zwei verschiedene Formen von Protokollen (welche genau?) an. Die Mischform ist aber am besten, weil sie nicht die Nachteile des Verlaufsprotokolls oder des Erlebnisprotokolls aufweist. Dabei erwähnt Vera, dass auch die W-Fragen im Protokoll beantwortet werden sollen. ~~Mittlerweile wird die Klasse sehr unruhig, worauf Herr Stegbauer ziemlich genervt reagiert und rumbrüllt. Harry Münzheimer und Holger Dorsten bekommen Strafarbeiten, was auch Zeit wurde!~~ Anschließend schreiben wir die Protokolltypen von der Tafel ab.

Herr Stegbauer sagt noch etwas zur Form des Protokolls, was ich aber nicht mehr gehört habe, weil es schon gegongt hat und ich mich beeilen muss, um den Bus zu erwischen. (eigentlich eigener TOP)

S 21 / Seite 243

1. Organisatorisches
2. Aufgabe des Protokolls
3. Typen von Protokollen
4. Form des Protokolls
5. Hausaufgabe

S 22 / Seite 243

zu TOP 4: Form des Protokolls
In einem Lehrervortrag stellt der Lehrer der Klasse die wichtigsten formalen Kennzeichen eines Protokolls vor. Gefordert sind Präsens als grundsätzliches Tempus (ggf. Perfekt bei Vorzeitigkeit) und nüchterner Sachstil. Abschließend wird noch die Form des Protokollkopfs (siehe oben) vorgestellt. Hier betont Herr Stegbauer besonders, dass die TOPs im Nominalstil stehen müssen und keine ganzen Sätze verwendet werden dürfen. Dies sei wirklich wichtig und diene dem besseren Überblick. Ein Merkkasten, den ein Kollege von Herrn Stegbauer erstellt hatte, wird der Klasse in Kopie ausgeteilt.

zu TOP 5: Hausaufgabe
Als Hausaufgabe fordert Herr Stegbauer die Schüler auf, bis zum 20.06. ein Protokoll dieser Stunde zu verfassen.

S 23 / Seite 243

Protokoll
über die Deutschstunde
am 20.05.2009

Ort: Raum 116
Zeit: 8:45 – 9:30 Uhr
Anwesend: 26 Schüler und Schülerinnen der Klasse 9c
Abwesend: Eva Fuchsberg
Vorsitzende/r: Deutschlehrerin Frau Hartling
Schriftführer: Sören Stettmann

zu Top 1: ~~Wiederholung der Definition des Begriffes „Rhetorik“~~. Die Lehrerin bittet einen Schüler den Begriff „Rhetorik“ zu definieren. Dieser erklärt, dass es sich hierbei um die Lehre von der Kunst der Rede handle.
Absatz/ freie Zeile einfügen
zu Top 2: ~~Praktische Übungen~~. Die Klasse soll in dieser Unterrichtsstunde praktisch einüben, was in der davor theoretisch behandelt worden ist. Dazu gehören Sprechübungen, die zunächst zu zweit durchgeführt werden. …

Die Top-Überschriften gehören in den Protokollkopf, nicht aber in die Ausformulierung.

zu Top 5: Frau Hartling gibt der Klasse als Hausaufgabe auf, zwei der in dieser Stunde gelernten rhetorischen Übungen daheim durchzuführen.

Braunschweig, 25.05.2009

Vorsitzende

Schriftführer

S 24 / Seite 244

Individuelle Lösungen:

Die Lehrkraft teilt Arbeitsblätter aus. • Die Tafelanschrift wird ins Heft übertragen. • Im Unterrichtsgespräch bespricht die Klasse ... • Im Lehrer-Schüler-Gespräch werden Fragen geklärt. • Nach der ersten Erarbeitungsphase wurden neue Teams gebildet, die ... • In einer Stillarbeit/ Partnerarbeit/ Übung/ ...werden ... erarbeitet/ untersucht/ ...

S 25 / Seite 244

- In Teamarbeit formuliert die Klasse Ergebnisse zur gestellten Aufgabe.
- Die Jugendlichen übernehmen die Tafelanschrift ins Heft.
- Die Lehrkraft möchte wissen, welche Stilmittel es in dem Gedicht gibt.
- Alle können die Frage leicht beantworten.
- Bevor die Schüler in Gruppen arbeiten, erklärt der Lehrer detailliert die genaue Aufgabenstellung.
- Das Gedicht wird mittels einer Folie an die Wand projiziert.
- Bei der Präsentation der Ergebnisse werden Plakate zur Veranschaulichung verwendet.
- Die Aufgabe, dass der Hefteintrag gelernt werden muss, folgt am Stundenende.

S 26 / Seite 244

	richtig	**falsch**
Die Klasse wird vom Verlauf der Stunde informiert über den Verlauf der Stunde		**x**
Im Bezug auf die Aufgabenstellung fragt eine Gruppe genauer nach. In Bezug auf / Bezüglich der ...		**x**
Im Unterrichtsgespräch verweist der Lehrer zu zahlreichen Eselsbrücken, die zur Merkhilfe dienen können. auf ... Eselsbrücken, als Merkhilfe		**x**
Die Antwort auf die Frage der Lehrkraft besteht darin, die richtigen Stilmittel in dem Gedicht zu bestimmen.	**x**	
In Teamwork werden dann gegensätzliche Worte, beispielsweise wie alt – jung im Gedicht gesucht. Wörter/ Begriffe, wie beispielsweise „alt – jung“		**x**
Zum Abschluss wird von der letzten Strophe des Gedichts gesprochen. über die letzte Strophe		**x**
Um das Gelernte zu vertiefen, liest die Klasse ein weiteres Sonett desselben Autors.	**x**	

S 27 / Seite 245

• Zum Stundenanfang will Frau Schulz sofort ein Ziel für den Wandertag am 11. Juni verabreden.
umgangssprachlich (ausmachen) → Zu Beginn der Stunde gibt Frau Schulz bekannt, dass sie für den Wandertag am 11. Juni mit ihrer Klasse ein Ziel finden will.

• Die Tipps prasseln nur so auf sie ein.
umgangssprachliche (prasseln) und unpassende Formulierungen (Tipps) → Die Schüler haben sehr viele Vorschläge.

• Die einen wollen unbedingt auf jeden Fall ins Schwimmbad. Einige Mädels das Gegenteil. In keinster Weise wollen sie ins Schwimmbad, sondern wandern oder picknicken.
eher gesprochene Sprachebene (kurze, teils unvollständige Sätze, Wortwiederholung, Meinungsbetonung) → So wollen einige ins Schwimmbad gehen, während andere wandern und ein Picknick machen wollen.

• Weitere Wünsche werden – weil's so viele sind – an der Tafel notiert. Sonst könnte man sie nicht checken.
Einschub, umgangssprachliche Ausdrücke („weil's", „checken") → Weitere Wünsche werden schließlich an der Tafel notiert, um sich nachher besser erinnern zu können

• Dazu gehört z. B. auch ins Kino zu gehen, was aber viele doof finden – der Protokollführer übrigens auch –, man kann sich da ja gar nicht unterhalten.
umgangssprachliche Wortwahl (doof), eigene Meinungsbekundung (– der Protokollführer übrigens auch –) → Dazu gehört z. B. auch ins Kino zu gehen, was aber von vielen abgelehnt wird.

• Einige wollen trotz der guten Wettervorhersage ins Museum. Aber wer weiß das schon so genau?
rhetorische Frage: Ausdruck von Unsicherheit, nicht informierend, also im Protokoll wegzulassen → Einige wollen trotz der guten Wettervorhersage ins Museum.

• Schlussendlich gibt's einen Kompromiss und man geht zum Schwimmbad (Wandern + Schwimmen + Picknicken).
Nachtrag in Klammern, Wortverkürzung („gibt's") → Man findet schließlich einen Kompromiss und wandert zum Schwimmbad, um dort zu picknicken.

• Bezüglich der Planung der Wegroute besteht noch eine kleine Komplikation hinsichtlich einer Schülerin mit einer Zerrung der Wade.
sehr förmliche Hochsprache mit vielen Nominalisierungen → Wie genau der Route zum Bad aussehen soll, gestaltet sich noch etwas schwierig, weil eine Schülerin eine gezerrte Wade hat und keine weiten oder beschwerlichen Strecken zurücklegen kann.

• Ihre Banknachbarin, die zugleich ihre beste Freundin ist, die auch neben ihr wohnt, verspricht, dass sie sie unterstützen wird, damit sie sicher am Wandertag teilnehmen kann, so dass sie nicht daheim bleiben muss.
Schachtelsatz mit vielen Relativ- und anderen Nebensätze, die teils überflüssige Details enthalten → Ihre Banknachbarin verspricht, sie am Wandertag zu unterstützen, damit sie nicht daheim bleiben muss.

• Der genaue Ablauf wird wohl erst in der letzten Stunde festgezurrt.
umgangssprachlich → Darüber soll in der kommende Stunde beratschlagt werden/ soll festgelegt werden.

Einheit 4 zu „Katastrophen"

Übungen zu: Rechtschreib- und Sprachwandel

R 1 / Seite 245

- Dieser Vorfall machte außerordentliches Aufsehn.
- Jeronimo begriff nicht, was ihn und sie hiehergeführt haben konnte.
- Er senkte sich so tief, daß seine Stirn den Boden berührte.
- Josephe küßte das Kind, drückte sich die Tränen aus den Augen, und erreichte, nicht mehr auf die Greuel, die sie umringten, achtend, das Tor.
- Josephe antwortete, daß sie dies Anerbieten mit Vergnügen annehmen würde, und folgte ihm [Don Fernando], da auch Jeronimo nichts einzuwenden hatte, zu seiner Familie, wo sie auf das innigste und zärtlichste von Don Fernandos beiden Schwägerinnen, die sie als sehr würdige junge Damen kannte, empfangen ward.
- Darauf ganz mit ihrem Blute besprützt: schickt ihr den Bastard zur Hölle nach! rief Meister Pedrillo und drang, mit noch ungesättigter Mordlust, von neuem vor.
- Hier stürzte noch ein Haus zusammen, und jagte ihn, die Trümmer weit umherschleudernd, in eine Nebenstraße[…] hier wälzte sich, aus seinem Gestade gehoben, der Mapochofluß auf ihn heran, und riß ihn brüllend in eine dritte.

Wörter aus Kleists „Das Erdbeben in Chili“	Neue Rechtschreibung	Veränderungen bzw. Regeln
– Mapochofluß	– Mapochofluss	– ss statt ß bei kurzen Vokalen
– riß	– riss	– s. o.
– schrieen	– schrien	– Wegfall des 2. e
– Schutte	– Schutt	– Wegfall des e am Wortende
– liebgewonnen	– auch: lieb gewonnen	– Getrennt- oder Zusammenschreibung
– Aufsehn	– Aufsehen	– Einfügung eines e in der letzten Silbe auf -en. Früher wurde eher so geschrieben, wie man auch sprach.
		– Einfügung eines r und Getrenntschreibung
– hiehergeführt	– hierher geführt	– ss statt ß nach kurzen Vokalen
		– s.o.
– daß	– dass	– Stammprinzip: Grauen → ä
– küßte	– küsste	– Großschreibung wegen Nominalisierung (Artikel)
– Greuel	– Gräuel	
– der liebste	– der Liebste	– Groß- oder Kleinschreibung möglich
		– ü wird zu i
– auf das innigste und zärtlichste	– auf das I/innigste und Z/zärtlichste	– Groß- oder Kleinschreibung möglich, da es sich um einen idiomatisierten Gesamtbegriff handelt
– besprützt	– bespritzt	
– von neuem	– von N/neuem	

S 28 / Seite 246

- Josephe bebte bei diesem entsetzlichen Anblicke zurück.

→ … schreckte vor diesem entsetzlichen Anblick zurück

- An dem nächsten Scheidewege stand Josephe still, und harrte, ob nicht einer, der ihr, nach dem kleinen Philipp, der liebste auf der Welt war, noch erscheinen würde.

→ An dem nächsten Scheideweg stand sie still und wartete, ob …

- Indessen war die schönste Nacht herabgestiegen.

→ Währenddessen war die schönste Nacht herabgestiegen

- Überall, längs der Talquelle, hatten sich, im Schimmer des Mondscheins, Menschen niedergelassen, und bereiteten sich sanfte Lager von Moos und Laub.

→ entlang der Talquelle, Lager aus Moos und Laub

- Sie beschlossen, sobald die Erderschütterungen aufgehört haben würden, nach La Conception zu gehen, […] von dort nach Spanien einzuschiffen, wo Jeronimos mütterliche Verwandten wohnten, und daselbst ihr glückliches Leben zu beschließen.

→ dort ihr Leben zu führen/ leben / bis ans Ende ihrer Tage leben

- Am nächsten Morgen sahen sie mehrere Familien, darunter die des Don Fernando. Er fragte: ob sie sich nicht mit ihm zu jener Gesellschaft verfügen wollten?

→ begeben

- Josephe […] folgte ihm, wo sie […] von Don Fernandos beiden Schwägerinnen, die sie als sehr würdige junge Damen kannte, empfangen ward.

→ anständige / empfangen wurde

- Donna Elvire, bei deren Verletzungen Josephe viel beschäftigt war, hatte in einem Augenblick […] Gelegenheit genommen, sie [etwas] zu fragen.

→ mit deren … , die Gelegenheit ergriffen/ wahrgenommen

- Und Josephe gab ihr einige Hauptzüge davon an.

→ erzählte ihr in Grundzügen davon

- Josephe dünkte sich unter den Seligen.

→ kam sich vor wie unter Seligen / war selig/ glücklich

G 1 / Seite 247

- Jeronimo erinnerte sich Josephens.

Jeronimo erinnerte an Josephe. → Genitiv wird durch Präposition mit Dativ ersetzt.

- Ein junger wohlgekleideter Mann trat zu Josephen.

Ein junger wohlgekleideter Mann trat zu Josephe. → Wegfall der Dativ-Endung

- In Josephens Armen lag Philipp, ihr Sohn.

In Josephes Armen lag Philipp, ihr Sohn. → teilweiser Wegfall der Genitiv-Endung

- Donna Elvire zog Josephen zu sich nieder.

Donna Elvire zog Josephe zu sich nieder. → Wegfall der Dativ-Endung

Veränderung der Genitiv-, Dativ- und Akkusativformen:
- vor 200 Jahren noch eigene Endungen
- heute: • Genitiv – Stammform + s (bei Namen)
• Dativ – bei Namen ohne Endung
• Akkusativ - bei Namen ohne Endung

Z 1 / Seite 247

• Jeronimo warf sich vor dem Bildnisse der heiligen Mutter Gottes nieder, und betete mit unendlicher Inbrunst zu ihr.
→ *Wegfall des Kommas, da das gleiche Subjekt („Er") zu beiden Prädikaten gehört.*

• Josephe harrte, ob nicht einer, der ihr(,) nach dem kleinen Philipp(,) der liebste auf der Welt war, noch erscheinen würde.
→ *möglicher Wegfall der Kommas, je nachdem ob man den umschlossenen Satzteil betonen will oder nicht*

• Sie schritt(,) den Jammer von ihrer Brust entfernend(,) mutig mit ihrer Beute von Straße zu Straße.
→ *möglicher Wegfall der Kommas, je nachdem ob man die Partizipialkonstruktion betonen will oder nicht*

• Drauf, als er [Jeronimo] eines Ringes an seiner Hand gewahrte, erinnerte er sich plötzlich auch Josephens, und mit ihr seines Gefängnisses.
→ *Wegfall der Kommas da „Josephens" und „seines Gefängnisses" gleichgestellte Genitivobjekte sind, die zum Prädikat „erinnerte" gehören*

• Don Fernando war sehr dankbar für diese Güte, und fragte, ob sie sich nicht mit ihm zu jener Gesellschaft verfügen wollten, wo eben jetzt beim Feuer ein kleines Frühstück bereitet werde.
→ *Wegfall des Kommas, da das gleiche Subjekt („Don Fernando") zu beiden Prädikaten gehört*
→ *Ersatz des Doppelpunktes durch ein Komma, um die indirekte Rede einzuleiten.*
→ *Ersatz des Fragezeichens (das man in der direkten Rede verwenden müsste) durch einen Punkt*

• Donna Elvire, bei deren Verletzungen Josephe viel beschäftigt war, hatte in einem Augenblick, da gerade die Erzählungen sich am lebhaftesten kreuzten, Gelegenheit genommen, sie zu fragen, wie es denn ihr an diesem fürchterlichen Tag ergangen sei. Und da Josephe ihr(,) mit beklemmtem Herzen(,) einige Hauptzüge davon angab, so ward ihr die Wollust, Tränen in die Augen dieser Dame treten zu sehen.
→ *Ersatz des Doppelpunktes durch ein Komma, um die indirekte Rede einzuleiten.*
→ *Ersatz des Fragezeichens (das man in der direkten Rede verwenden müsste) durch einen Punkt*
→ *möglicher Wegfall der Kommas, die „mit beklemmtem Herzen" umschließen, je nachdem ob man den umschlossenen Satzteil betonen will oder nicht*

• Auf den Feldern, so weit das Auge reichte, sah man Menschen von allen Ständen durcheinander liegen, Fürsten und Bettler, Matronen und Bäuerinnen, Staatsbeamte und Tagelöhner, Klosterherren und Klosterfrauen: einander bemitleiden, sich wechselseitig Hülfe reichen, von dem, was sie zur Erhaltung ihres Lebens gerettet haben mochten, freudig mitteilen, als ob das allgemeine Unglück alles, was ihm entronnen war, zu einer Familie gemacht hätte.
→ *Wegfall des Doppelpunktes, da „sah man" durch die Infinitive „bemitleiden", „reichen", ... erweitert wird*

• Jeronimo und Josephe wurden in der Kirche entdeckt. Josephe rief, von entsetzlichen Verhältnissen gedrängt: „Dies ist nicht mein Kind, Meister Pedrillo."
→ *Anführungszeichen zur Kennzeichnung der direkten Rede am Anfang und Ende derselben*
→ *Großschreibung des ersten Wortes in der direkten Rede nach einem Doppelpunkt*

• Der Schuster fragte: „Wer von euch, ihr Bürger, kennt diesen jungen Mann?" Und mehrere der Umstehenden wiederholten: „Wer kennt den Jeronimo Rugera? Der trete vor!"
→ *Anführungszeichen zur Kennzeichnung der direkten Rede am Anfang und Ende derselben*
→ *Großschreibung des ersten Wortes in der direkten Rede nach einem Doppelpunkt*

• Hierauf: „Er ist der Vater!", schrie eine Stimme; und: „Er ist Jeronimo Rugera!", eine andere.
→ *Anführungszeichen zur Kennzeichnung der direkten Rede am Anfang und Ende derselben*
→ *Großschreibung des ersten Wortes in der direkten Rede nach einem Doppelpunkt*
→ *Komma nach der direkten Rede, wenn der Begleitsatz dahinter steht*

Angebote für Klassenarbeitsthemen

Zusammenfassen und Analysieren bzw. Erschließen von literarischen Texten

Max Bolliger

Sonntag

„Was möchtest du?“ fragte der Vater.

Daniela studierte die Karte und entschied sich für Riz colonial.

„Gern!“ sagte der Kellner. Er behandelte Daniela wie eine Dame.

Das Restaurant war bis auf den letzten Platz besetzt. Am Nebentisch saß ein Ehepaar mit zwei Kindern. Die beiden stritten sich wegen einer kleinen Puppe aus Plastik. Die Mutter versuchte den Streit zu schlichten. Daniela sah, wie der Junge seine Schwester unter dem Tisch dauernd mit den Füßen stieß. Das Dessert machte dem Gezank ein Ende.

Daniela erinnerte sich, wie sehnlichst sie sich einmal ein Schwesterchen gewünscht hatte.

„Wie geht es in der Schule?“ fragte der Vater.

„Wie immer“, antwortete Daniela.

„Wird es fürs Gymnasium reichen?“

„Ja, ich hoffe es.“

Daniela wusste genau, dass ihre Noten weder in Mathematik noch in Französisch genügten. Dann eben eine kaufmännische Lehre ... oder Arztgehilfin ... Sie wollte jetzt nicht daran denken.

„Für mich waren Prüfungen nie ein Problem“, sagte der Vater.

Daniela war froh, als der Kellner das Essen brachte. Der Reis mit Fleisch und Früchten schmeckte ihr.

„Deine Mutter konnte nie richtig kochen“, sagte der Vater.

Daniela gab darauf keine Antwort.

„Ich brauche einen neuen Wintermantel“, sagte sie.

„Schon wieder?“

„Ich bin seit dem letzten Jahr zehn Zentimeter gewachsen.“

„Wofür bezahl ich eigentlich Alimente?“

„Mutter sagt, das Geld reiche nur für das Nötigste.“

„Gut! Aber ich will die Rechnung sehen.“

„Wünschen die Herrschaften ein Dessert?“

Der Kellner versuchte mit Daniela zu flirten.

„Nein, danke!“ sagte sie, obwohl sie sich heute früh in der Kirche ausgedacht hatte, Vanilleeis mit heißer Schokoladensoße zu essen.

Nach dem Essen fuhren sie am See entlang. Der Vater hatte ein neues Auto.

Er sprach über Autos wie die Jungen in der Schule.

Daniela verstand nicht, warum man sich über ein Auto freuen konnte, nur weil es einen starken Motor hatte.

Aus dem Radio erklang Volksmusik. Sie fiel Daniela auf die Nerven. Aber sie stellte sie trotzdem lauter.

„Hast du viel Arbeit?“ fragte sie.

„Wir bauen eine neue Fabrik.“

Der Vater war Ingenieur. Daniela betrachtete ihn von der Seite, neugierig, wie einen Gegenstand. Sein Gesicht war braungebrannt, sportlich. Der Schnurrbart stand ihm gut.

Hatte er ihre Gedanken erraten?

„In zwei Wochen werde ich vierzig! Aber alle schätzen mich jünger.“

Daniela lachte. Ihr schien er älter.

„Wie alt bist du eigentlich?“

„Hundert!“ sagte Daniela.

„Nein, ehrlich ...!“

„Das solltest du doch wissen. Du fragst mich jedes Mal ...
Im Februar dreizehn.“

„Dreizehn! Hast du einen Freund?“

„Nein!“ sagte Daniela.

„Das wundert mich. Du siehst hübsch aus!“

„Findest du?“

„So ... erwachsen!“

Auf einer Terrasse am See tranken sie Kaffee. Daniela beobachtete die Segelschiffe.
Der schöne Herbstsonntag hatte unzählige Boote aufs Wasser hinausgelockt.
Der Vater war verstummt und schaute alle fünf Minuten auf seine Uhr.
„Ich habe um vier Uhr eine Verabredung."
„Also, gehen wir doch", sagte Daniela und erhob sich. Der Vater schien erleichtert.
„Ich bringe dich nach Hause", sagte er.

„Ach, du bist schon wieder da?" sagte die Mutter.
Sie war noch immer im Morgenrock. Während der Woche arbeitete sie halbtags in einer Modeboutique. „Sonntags lasse ich mich gehen", sagte sie zu ihren Freunden, „sonntags bin ich nicht zu sprechen."

„Er hatte eine Verabredung", erzählte Daniela.
Die Mutter lachte.
„Ich möchte wissen, warum er eigentlich darauf besteht, dich zu sehen. Im Grunde liegt ihm doch nichts daran. Nur weil es das Gericht so entschieden hat und um mich zu ärgern."
Daniela wurde wütend.
„Es geht ihm ausgezeichnet", sagte sie. „Er hat sich ein neues Auto gekauft und sieht prima aus."
Die Mutter zuckte bei ihren Worten zusammen. „Und den Wintermantel?" fragte sie.
„Bewilligt!"
Die Mutter griff sich mit der Hand an die Stirne.
„Diese Kopfschmerzen!" stöhnte sie. „Hol mir eine Tablette im Badezimmer!"
Daniela gehorchte.
„Ich gehe jetzt", sagte sie nachher. „Hast du keine Aufgaben?"
„Nein!"
„Aber komm nicht zu spät zurück!"
„Ich esse bei Brigitte."
„Gut, bis neun Uhr. Ich lege mich wieder hin."

Als Daniela die Tür des Lokals öffnete, schlug ihr eine Welle von Rauch und Kaffeegeruch entgegen. An den niederen Tischen saßen junge Leute, die meisten in Gespräche vertieft. Die Wände waren mit Posters tapeziert.
Danielas Augen gewöhnten sich allmählich an das Halbdunkel.
Suchend schaute sie sich um.
Der Disc-Jockey nickte Daniela zu.
"Well, I left my happy home to see what I could find out", sang Cat Stevens.
Ja, er hatte recht. Um herauszufinden, wie die Welt wirklich war, musste man sein Zuhause verlassen.
Heinz hatte Daniela den Text übersetzt. Heinz war schon sechzehn Jahre alt. Sie war stolz darauf.
Er saß in einer Ecke und winkte.
Aufatmend setzte sich Daniela neben ihn. Er legte einen Arm um ihre Schultern.
„Hast du den Sonntag überstanden?" fragte er.
„Ja, Gott sei Dank!"
„War es schlimm?"
„Es geht... wie immer."
„Mach dir nichts draus."
Daniela kuschelte sich an ihn.
„Was meinst du, werden wir es besser machen?" fragte sie. „Wenn wir einmal erwachsen sind?"
In ihrer Stimme klangen Zweifel. „Natürlich", sagte Heinz, „natürlich werden wir es besser machen."

[Quelle: Frevert, Hans/Klein, Wolfgang (Hg): Wir leben von der Hoffnung. Gedanken, Gedichte und Erzählungen für junge Menschen unserer Zeit. Baden-Baden: Signal-Verlag Hans Frevert 1985, S. 54–56]

Aufgaben:
1. Schreibe eine Textzusammenfassung.
2. Im Text wird an mehreren Stellen deutlich, dass Daniela lügt. Finde die Stellen heraus und begründe deine Entscheidungen.
3. Stelle eigene Überlegungen an, warum Daniela an diesen Stellen die Unwahrheit sagt.
4. Arbeite an dem Text typische Merkmale einer Kurzgeschichte heraus.

Gestaltendes Arbeiten mit einem literarischen Text

Bertolt Brecht

Der Soldat von La Ciotat

Nach dem ersten Weltkrieg sahen wir in der kleinen südfranzösischen Hafenstadt La Ciotat bei einem Jahrmarkt zur Feier eines Schiffsstapellaufs auf einem öffentlichen Platz das bronzene Standbild eines Soldaten der französischen Armee, um das die Menge sich drängte. Wir traten näher hinzu und entdeckten, daß es ein lebendiger Mensch war, der da unbeweglich in erdbraunem Mantel, den Stahlhelm auf dem Kopf, ein Bajonett im Arm, in der heißen Junisonne auf einem Steinsockel stand. Sein Gesicht und seine Hände waren mit einer Bronzefarbe angestrichen. Er bewegte keinen Muskel, nicht einmal seine Wimpern zuckten.
Zu seinen Füßen an dem Sockel lehnte ein Stück Pappe, auf dem folgender Text zu lesen war:

Der Statuenmensch
(Homme Statue)

Ich, Charles Louis Franchard, Soldat im ... ten Regiment, erwarb als Folge einer Verschüttung vor Verdun die ungewöhnliche Fähigkeit, vollkommen unbeweglich zu verharren und mich beliebige Zeit lang wie eine Statue zu verhalten. Diese meine Kunst wurde von vielen Professoren geprüft und als eine unerklärliche Krankheit bezeichnet. Spenden Sie, bitte, einem Familienvater ohne Stellung eine kleine Gabe!

Wir warfen eine Münze in den Teller, der neben dieser Tafel stand, und gingen kopfschüttelnd weiter. Hier also, dachten wir, steht er, bis an die Zähne bewaffnet, der unverwüstliche Soldat vieler Jahrtausende, er, mit dem Geschichte gemacht wurde, er, der alle diese großen Taten der Alexander, Cäsar, Napoleon ermöglichte, von denen wir in den Schullesebüchern lesen. Das ist er. Er zuckt nicht mit der Wimper. Das ist der Bogenschütze des Cyrus, der Sichelwagenlenker des Kambyses, den der Sand der Wüste nicht endgültig begraben konnte, der Legionär Cäsars, der Lanzenreiter des DschingisKhan, der Schweizer des XIV. Ludwig und des I. Napoleon Grenadier. Er besitzt die eben doch nicht so ungewöhnliche Fähigkeit, sich nichts anmerken zu lassen, wenn alle erdenklichen Werkzeuge der Vernichtung an ihm ausprobiert werden. Wie ein Stein, fühllos (sagt er), verharre er, wenn man ihn in den Tod schicke. Durchlöchert von Lanzen der verschiedensten Zeitalter, steinernen, bronzenen, eisernen, angefahren von Streitwagen, denen des Artaxerxes und denen des Generals Ludendorff, zertrampelt von den Elefanten des Hannibal und den Reitergeschwadern des Attila, zerschmettert von den fliegenden Erzstücken der immer vollkommeneren Geschütze mehrerer Jahrhunderte, aber auch den fliegenden Steinen der Katapulte, zerrissen von Gewehrkugeln, groß wie Taubeneier und klein wie Bienen, steht er, unverwüstlich, immer von neuem, kommandiert in vielerlei Sprachen, aber immer unwissend warum und wofür. Die Ländereien, die er eroberte, nahm nicht er in Besitz, so wie der Maurer nicht das Haus bewohnt, das er gebaut hat. Noch gehörte ihm etwa das Land, das er verteidigte. Nicht einmal seine Waffe oder seine Montur gehört ihm. Aber er steht, über sich den Todesregen der Flugzeuge und das brennende Pech der Stadtmauern, unter sich Mine und Fallgrube, um sich Pest und Gelbkreuzgas, fleischerner Köcher für Wurfspieß und Pfeil, Zielpunkt, Tankmatsch, Gaskocher, vor sich den Feind und hinter sich den General!
Unzählige Hände, die ihm das Wams webten, den Harnisch klopften, die Stiefel schnitten! Unzählbare Taschen, die sich durch ihn füllten! Unermeßliches Geschrei in allen Sprachen der Welt, das ihn anfeuerte! Kein Gott, der ihn nicht segnete! Ihn, der behaftet ist mit dem entsetzlichen Aussatz der Geduld, ausgehöhlt von der unheilbaren Krankheit der Unempfindlichkeit!
Was für eine Verschüttung, dachten wir, ist das, der er diese Krankheit verdankt, diese furchtbare, ungeheuerliche, so überaus ansteckende Krankheit?
Sollte sie, fragten wir uns, nicht doch heilbar sein?

Aufgaben:

1. Analysiere den Aufbau (Grobe Einteilung in Sinnabschnitte).
2. Suche Textstellen, die die Einstellung des Erzählers zum Krieg erkennen lassen.
3. Sicher hast du auch schon einmal ein „lebendes Standbild“ gesehen. Denk dir eine eigene Geschichte zu dieser Figur aus. Schreibe deinen Text so, dass er im Aufbau dem Muster Brechts folgt.

Zusammenfassen und Analysieren bzw. Erschließen eines Sachtextes

Textvorschlag 1

Gerhard Staguhn

Wie entsteht ein Regenbogen?

„Mein Herz hüpft auf, seh ich im Blau den Regenbogen fern", heißt es in einem Gedicht von William Wordsworth (17701850). Diese Empfindung des Dichters kann wohl jeder bestätigen, was beweist, dass wir alle in tiefster Seele Dichter sind. Und so wagen wir auch gleich einen poetischen Satz: Der Regenbogen ist ein Spiel von Licht in Wassertropfen.

Und weniger poetisch, nämlich physikalisch trocken: Regenbögen entstehen durch die Brechung des Sonnenlichts an der Grenzfläche zwischen Luft und Wassertropfen und anschließender Reflexion (Rückspiegelung) an der Innenfläche des Tropfens. Ein Regenbogen setzt also eine nicht allzu häufige Wettersituation voraus: Es muss regnen und dabei die Sonne scheinen. Meistens ist es ja so, dass es nicht regnet, wenn die Sonne scheint.

Regenbögen erscheinen zumeist im Sommer bei gewittriger Wetterlage, wenn eine Wolkenfront rasch vorüberzieht und dahinter der Himmel sofort wieder aufklart. Das alles muss zum Abend hin geschehen, wenn die nun wieder strahlende Sonne bereits tief im Westen steht. Von dort waren die Regenwolken heran und über uns hinweggezogen. Nun heißt es, nach Osten zu schauen, wo die Wolken weiter ihre Regenlast zur Erde schicken. Dort spannt sich mit physikalischer Gesetzmäßigkeit ein farbenprächtiger, weit ausladender Regenbogen und stimmt den Menschen heiter. Regenbögen sind freilich auch morgens kurz nach Sonnenaufgang möglich; dann muss man in westliche Richtung schauen und hoffen, dass es dort gerade regnet.

Jetzt versteht man, wieso Regenbögen nicht alltäglich, sondern eher selten sind. Es muss einiges zusammenkommen, damit diese beeindruckende Naturerscheinung entstehen kann. Die Regentropfen, die einen Regenbogen erzeugen, sind meist nicht weiter als ein bis zwei Kilometer vom Beobachter entfernt. Dabei erzeugt der Regenbogen den Eindruck, als sei er sehr weit weg, vor allem dort, wo er den Horizont zu berühren scheint. Dass ein Regenbogen so groß erscheint, liegt zum Teil an der Illusion, er sei sehr weit weg. Unser Gehirn projiziert das Bild des Regenbogens gewissermaßen auf das Himmelsgewölbe und verleiht ihm dadurch eine gewaltige Größe. Dabei ist die Himmelskuppel selbst nichts anderes als eine Illusion. Es wölbt sich ja keine blaue Glaskuppel über uns, deren Krümmung der Regenbogen folgen würde.

Kleinen Kindern erzählt man gern, dass am Ende des Regenbogens ein Topf mit Gold zu finden sei. Daran glauben größere Kinder nicht mehr, aber immerhin sind noch so manche Erwachsene der Meinung, dass es wirklich ein Ende des Regenbogens gebe und man diese Stelle aufsuchen könne. Dort soll ein ganz besonders funkelndes Licht zu sehen sein. Das stimmt natürlich auch nicht. Regenbögen sind nichts Greifbares, sondern einfach nur reflektiertes Licht, das von den Regentropfen in seine Spektralfarben zerlegt wird. [...]

Der Volksmund spricht von den „sieben Farben" des Regenbogens und meint damit Rot, Orange, Gelb, Weiß, Grün, Blau und Violett, wobei das Violett an der Innenseite des Bogens liegt und das Rot außen. Doch diese sieben voneinander abgegrenzten Farbstreifen des Regenbogens sind Einteilungen, die unser Auge mit seiner begrenzten Sehschärfe unwillkürlich vornimmt eine Täuschung in der Täuschung. Tatsächlich fließen die Spektralfarben sanft ineinander. [...]

[Quelle: Gerhard Staguhn: Warum? fallen Katzen immer auf die Füße ... und andere Rätsel des Alltags. München: Deutscher Taschenbuch Verlag (Reihe Hanser) 20053 , S. 45-47 (gekürzt)]

Aufgaben:

Fasse die *naturwissenschaftlichen* Informationen, die dir der Text liefert, übersichtlich zusammen:
a) Streiche dazu zunächst die Stellen, die nicht-wissenschaftliche Aussagen über den Regenbogen wiedergeben.
b) Erstelle dann eine stichwortartige Skizze des Gedankengangs deiner Zusammenfassung.
c) Verfasse die Zusammenfassung in sachlichem Stil.

Textvorschlag 2

Hans-Martin Grosse-Oetringhaus

„Wir sind da!“

Kinder in Lateinamerika setzen sich für ihre Rechte ein

„Se siente! Se siente! Aqui estamos presentes!“
Der Ruf von 130 hellen Kinderstimmen schallt durch die Straßen der bolivianischen Großstadt Cochabamba. „Man merkt es! Man merkt es! Wir sind da!“
Man merkt es tatsächlich. Die Kinder sind laut, fröhlich und voller Energie. Und sie fordern ihre Rechte ein: zunächst einmal das Recht überhaupt angehört zu werden. Selbst diejenigen, die am Straßenrand so tun, als wären die zahllosen Transparente, die in allen Farben leuchten, gar nicht vorhanden, haben keine Chance dem Spektakel auszuweichen. Schuhputzjungen knien sich vor sie hin und beginnen ihre Schuhe zu polieren. Doch schon kommt die Polizei, brüllt, jagt die Jungen fort, schlägt sogar mit dem Knüppel zu. Andere mischen sich ein, ergreifen Partei für die Kinder und fordern die Passanten auf sich ebenfalls für die Rechte der Jungen einzusetzen. Viele sind irritiert und wirken verunsichert. Und genau das wollen die jungen Menschen erreichen. Bis die Passanten gemerkt haben, dass sie Mitakteure eines versteckten Straßentheaters waren, ist der lärmende Zug längst weitergezogen. Die Schuhputzjungen polieren bereits neue Schuhe und die angeblichen Polizisten stürzen schon wieder drohend herbei.
Zwei Clowns sorgen dafür, dass die übermütige Energie des Zuges nie erlahmt. Sie stürmen mit einer Hand voll Kinder bis zur nächsten Straßenkreuzung vor, tanzen im Kreis, blockieren die Straße und warten, bis der lärmende Rest nachgekommen ist. „Niño que escuchas: unete a la lucha!“ –„Kind, hör zu: Schließ dich dem Kampf an!“ Der Kampf, dem sich die Kinder verschrieben haben, gilt ihren eigenen Rechten. Sie wissen, dass die Formulierungen in der Kinderrechtskonvention der Vereinten Nationen nicht viel nützen, solange sie lediglich auf dem Papier stehen. Die Kinder können viel aus ihrem Alltag berichten und erzählen, wie diese Rechte tagtäglich mit Füßen getreten werden. Gerade darum setzen sie sich für ihre Einhaltung ein, in Cochabamba genauso wie in La Paz, in Santa Cruz oder auf dem Land, in den Bergen wie im bolivianischen Tiefland. Für drei Tage sind die aktiven Kids zwischen 8 und 18 in Cochabamba zusammengekommen um ihre Erfahrungen auszutauschen und Pläne für die Zukunft zu schmieden. Denn nach der Demonstration geht es an die Arbeit. Sie wollen ihr Schicksal nicht allein den Erwachsenen überlassen, sondern es in die eigenen Hände nehmen.
Auch das Treffen gestalten sie selbst. Der erste Tag ist dem Thema „Sexualität“, der zweite dem Thema „Organisation und Partizipation“ gewidmet. Nach einem Plenum teilen sich alle in Altersgruppen auf. Die Jüngeren nähern sich der Thematik, indem sie aus Ton modellieren, wie sie sich das Recht auf ein Dach über dem Kopf vorstellen. Oder sie schneiden Bilder aus Illustrierten aus und kleben Collagen zusammen. Die Älteren diskutieren und entwickeln kurze Sketche und Szenen. Im anschließenden Plenum wird alles vorgestellt und gemeinsam besprochen. Partizipation? Was sich zunächst sehr kompliziert und theoretisch anhört, wird plötzlich ganz einfach und konkret. „Partizipation“, erklärt ein Mädchen, „bedeutet an etwas teilzunehmen, was uns ganz persönlich angeht und betrifft.“ „Und es heißt auch die Ideen jedes Einzelnen aufzunehmen“, fügt ein Junge hinzu. Die Erfahrung ihres noch kurzen Lebens ist klar: „Es ist besser sich in Gruppen zu organisieren. Dann ist es einfacher etwas zu erreichen.“
Die Szenen, die die Kinder vorspielen, lassen daran keinen Zweifel aufkommen. Sie setzen sich beim Bürgermeister für sauberes Wasser und eine bessere Krankenversorgung ein. Schuhputzjungen wehren sich gegen Kunden, die sie schlecht behandeln. [...]
Das neue Selbstbewusstsein der Kinder und Jugendlichen und ihr Wille sich zusammenzuschließen um sich gemeinsam für ihre Rechte einzusetzen, ist während des Treffens in Cochabamba überall zu spüren: beim Umgang miteinander, beim Arbeiten, Essen, Spielen und Diskutieren. Wer Probleme mit dem Reden am Mikrofon hat, wird von den anderen nicht ausgelacht, sondern erhält Mut machende Unterstützung. Die Freude und Begeisterung, die die Kinder ausstrahlen, kann anderen Lust und Mut machen, sich ebenfalls für sich und die eigenen Rechte einzusetzen. Ein Stück Hoffnung wächst. Man kann es spüren.

[Quelle: Engelmann, Reiner/Fiechtner, Urs M. (Hg): Frei und gleich geboren. Ein Menschenrechte-Lesebuch, Aarau u.a.: Verlag Sauerländer1998, S. 157-160 (gekürzt)]

Aufgaben:

1. Fasse die Informationen, die der Text über die lateinamerikanische Kinderrechtsbewegung liefert, zusammen.
2. Untersuche den Aufbau des Textes.
3. Zeige, wie der Autor versucht, den Leser für das Thema zu interessieren und zu begeistern.

Sachtexte auswerten und zusammenfassen

Globales Zukunftsproblem „Wasser“

Eirik Newth

Zukunftsthema Wasser

Unsere Nutzpflanzen können ohne ausreichend Süßwasser nicht wachsen und Süßwasser ist eine Ressource, die ständig weniger wird. Viele der ergiebigsten landwirtschaftlichen Nutzflächen auf der Welt werden mit Grundwasser gewässert. Grundwasser ist Wasser, das unter der Erdoberfläche lagert und von Regenwasser gespeist wird, das im Boden versickert.
Weltweit gibt es riesige Grundwasserreservoirs, die schon seit langem unter der Erdoberfläche liegen, meist seit der letzten Eiszeit. Dieses fossile Grundwasser ist eine wichtige Wasserquelle. Solange wir nicht mehr fossiles Grundwasser verbrauchen, als Regenwasser durch die Oberfläche nachsickert, ist alles in Ordnung. Aber an den meisten Orten ist das heute nicht mehr der Fall. Das fossile Grundwasser wird stärker angezapft, als es aufgefüllt wird, und somit werden die Grundwasservorräte allmählich erschöpft. SaudiArabien ist ein Land, das schon jetzt große Grundwasserbestände geleert hat. In Zukunft wird sich das an anderen Orten wiederholen. Was die Wissenschaftler am meisten beunruhigt, ist, dass das Grundwasser im Mittleren Westen der USA bedrohlich abnimmt. Hier wird ein Großteil des weltweiten Getreidebedarfs angebaut.
Die Situation wird natürlich nicht besser, wenn wir auch noch unseren Abfall in Flüsse und Seen kippen. Wir verbrauchen den größten Teil des Süßwassers zum Wässern von Pflanzen, aber wir sind auch abhängig von ausreichend sauberem Wasser zum Trinken, Waschen und Kochen. Der Mangel an sauberem Trinkwasser ist in armen Ländern ein großes Problem. Jährlich sterben Millionen Kinder an Krankheiten, die durch verschmutztes Wasser hervorgerufen werden.
Zu allem Überfluss kommt auch noch die Klimaveränderung hinzu. Kein Mensch weiß genau, was geschehen wird, wenn sich das Klima erwärmt. An manchen Orten kann man vielleicht mehr Nahrungsmittel anbauen als heute, weil ein wärmeres Klima dafür sorgt, dass die Pflanzen mehr Zeit zum Wachsen haben. An anderen Orten werden wir vielleicht ein trockeneres Klima bekommen und deshalb große Schwierigkeiten haben, noch wichtige Nutzpflanzen wie Weizen oder Reis anzubauen. Auch in dieser Hinsicht sorgen sich Wissenschaftler um den Mittleren Westen der USA. Er ist durch die Austrocknung in besonderem Maß gefährdet, weil die Gegend auch früher immer wieder von Dürreperioden heimgesucht wurde. Aber wenn wir die »Kornkammer der Welt« verlieren, bekommen wir das weltweit zu spüren.
Da wir es immer besser verstehen, den Boden effektiv zu nutzen, sind Getreide, Reis und Mais in den letzten fünfzig Jahren stetig billiger geworden. Aber im 21. Jahrhundert wird sich das ändern. Wenn das Ackerland knapp wird, werden die Getreidepreise steigen. Für die Bewohner wohlhabender Länder ist es nicht ganz so entscheidend, ob Brot eine Mark mehr oder weniger kostet, aber für Millionen Menschen, deren Geld ohnehin schon kaum reicht, kann dieser Unterschied lebenswichtig sein. Auch heute schon gibt es in Afrika, Asien und Südamerika Demonstrationen gegen die Lebensmittelpreise. Demonstrationen dieser Art könnten im 21. Jahrhundert an der Tagesordnung sein.

Andreas Eschbach

Land und Wasser

Generell ist schlechte Wasserversorgung eines der größten derzeitigen Probleme der Menschheit. Gegenwärtig haben über eine Milliarde Menschen keinen Zugang zu sauberem Trinkwasser und fast zweieinhalb Milliarden Menschen – mehr als ein Drittel der Erdbevölkerung also – nicht genug Wasser zum Waschen. Das ist an sich schon schlimm, zieht aber außerdem Folgen nach sich, die kaum weniger schlimm sind: So ist verschmutztes Trinkwasser Krankheitsursache Nummer eins in den Entwicklungsländern.
Da die Bevölkerung zunimmt – vor allem in den Entwicklungsländern –, die Niederschlagsmengen aber im Großen und Ganzen gleich bleiben werden, kann dieses Problem nur dringender werden, als es ohnehin schon ist.
Gerade mal 2,5 Prozent allen Wassers auf Erden ist Süßwasser, und davon befinden sich fast drei Viertel in Form von Eis an den Polen. Doch selbst der Rest würde für alle Menschen reichen, die kommende Bevölkerungszunahme eingerechnet – man müsste ihnen nur Zugang dazu verschaffen. In Afrika mangelt es fünfundzwanzig Staaten an Wasser – dabei hat Afrika genug Wasserressourcen: Gerade vier Prozent davon werden tatsächlich genutzt.
Wichtig ist eben nicht nur, wie viel Wasser mengenmäßig zur Verfügung steht, sondern auch, wie damit umgegangen wird. Auf Mallorca zum Beispiel versickert über die Hälfte allen Wassers in uralten, defekten Leitungssystemen. Landwirte erhalten das Wasser kostenlos und haben dadurch wenig Anlass, anders als verschwenderisch damit umzugehen: Da wird in der prallen Mittagssonne mit Sprühern gewässert, was das Zeug hält – wobei das meiste Wasser verdunstet, ehe die Pflanzen eine Chance haben, etwas davon aufzusaugen. [...]
Über Jahrtausende hinweg haben sich in den Tiefen der Erde Grundwasserreservoirs gebildet, die heutzutage zur Bewässerung und zur Gewinnung von Trinkwasser genutzt werden. Einer der größten fossilen Grundwasserspeicher ist der *Ogallala*, aus dem ein Fünftel aller bewässerten Felder in den USA versorgt werden. Zwar wird Grundwasser im Prinzip durch Regen und sonstige Wasserbewegungen immer wieder aufgefüllt, doch wenn man es schneller abpumpt, als es sich bildet, sinkt der Grundwasserspiegel natürlich, und in den USA ist dies der Fall: Ohne Änderung der Vorgehensweise könnten in einigen Jahrzehnten mehr als die Hälfte der bewässerten Felder wieder brachliegen.

[Quellen: Eirik Newth: Abenteuer Zukunft. Projekte und Visionen für das 3. Jahrtausend, München: Deutscher Taschenbuch Verlag 2002, S. 70-72 (gekürzt), Eschbach, Andreas: Das Buch von der Zukunft. Ein Reiseführer, Berlin: Rowohlt 2004, S. 142-144 (gekürzt)]

Aufgaben:

1. Markiere in den Texten die Informationen zum globalen Zukunftsproblem Wasser (z. B. durch Unterstreichungen und/oder Stichwörter am Textrand). Beachte dabei den Unterschied zwischen Behauptung und Beispiel.
2. Schreibe die zentralen Thesen heraus und mach dir klar,
   a) in welchen Aussagen die Texte sich überschneiden,
   b) welche Textpassagen sich vom Thema Wasser entfernen.
3. Schreibe einen Sachtext zum Thema Globales Zukunftsproblem „Wasser“, indem du die Informationen aus den beiden Texten in knapper und übersichtlicher Form wiedergibst.

Erörtern

Anbei finden Sie eine Auswahl an Fragen, die sich für eine schriftliche Erörterung eignen:

Verführen Medien zu Gewalt?

Weshalb sollte man Umweltschutz ernst nehmen?

Sind Frauen gleichberechtigt?

Schönheitsoperation – ja oder nein?

Lesen – nein danke/ja bitte

Führerschein für Jugendliche ab 16 Jahren

Chancen und Gefahren des Ferntourismus

Ferienarbeit – ja oder nein?

Sollten Schüler ein Jahr im Ausland verbringen?

Skikurs – ja oder nein?